묻고 답하는
청소년 진로 카페

묻고 답하는 청소년 진로 카페

1판 1쇄 발행일 2013년 6월 20일 · 1판 7쇄 발행일 2020년 9월 29일
글쓴이 허은영 · 펴낸곳 (주)도서출판 북멘토 · 펴낸이 김태완
편집 김정숙, 조정우 · 디자인 황수진, 안상준 · 마케팅 최창호, 민지원
출판등록 제6-800호(2006. 6. 13.)
주소 03990 서울시 마포구 월드컵북로 6길 69(연남동 567-11), IK빌딩 3층
전화 02-332-4885 · 팩스 02-6021-4885 · 이메일 bookmentorbooks@hanmail.net
페이스북 https://facebook.com/bookmentorbooks

ISBN 978-89-6319-083-9 13370

이 도서의 국립중앙도서관 출판예정도서목록(CIP)은 서지정보유통지원시스템 홈페이지(http://seoji.nl.go.kr)와 국가자료공동목록시스템(http://www.nl.go.kr/kolisnet)에서 이용하실 수 있습니다.(CIP제어번호: CIP2013007877)

묻고 답하는 **청소년**
진로 카페

허은영 지음

북멘토

꿈꾸는 당신,
그 꿈을 이루기 위해 지금 무엇을 하고 있나요?

제가 제일 마음에 안 들어 하는 말이 있습니다. 바로 "꿈은 이루어진다"라는 말입니다. 뜻밖이지요? 여러분의 진로 문제에 도움을 주고자 하는 사람으로서 제일 크게 부르짖어야 하는 말인데, 왜 저는 이 말을 좋아하지 않을까요?

그것은 바로 꿈은 결코 저절로 이루어지는 것이 아니기 때문입니다. 개개인의 특성을 바탕으로 목표를 구체화하고, 정확한 정보를 찾아 세부적인 계획을 세워야 하며, 그 계획을 지속적으로 실천하여 이루어 내야 하는 것이라고 생각하기 때문입니다.

지난 10년 동안 진로 상담의 대표적 사이트인 커리어넷(www.career.go.kr)과 서울진로진학정보센터(www.jinhak.or.kr)에서 3000여 건이 넘는 진로사이버상담을 진행하면서 진로를 고민하는 수많은 청소년들을 만났습니다. 그 친구들과 짧지 않은 시간을 함께하면서 제가 가장 주력한 부분은 꿈을 이룰 수 있는 구체적인 방법을 안내하여 조금이나마 그 꿈에 다가갈 수 있도록 하는 것이었습니다. 그래서 이 책은 그러한 의도 아래 수많은 상담 사례 중 가장 전형적인 고민 사례를 중심으로 엮었습니다.

진로를 고민하는 청소년들에게 제가 하고 싶은 이야기를 딱 세 가지로 추리면 다음과 같습니다.

첫째, 진로를 선택할 때 자신의 특성을 충분히 고려하기 바랍니다.

세상에 존재하는 수많은 직업들 중에서 어떤 직업을 선택하느냐의 가장 중요한 기준은 바로 내가 다른 사람과 다른 어떤 특성이 있느냐입니다. 여러분은 혹시 친구가 입은 옷이 너무 예뻐서 나에게도 잘 어울릴 것으로 생각하고 덜컥 골랐는데 내가 입어 보니 영 아니었던 기억이 없나요? 이것은 사람마다 체형, 얼굴 모습, 살결, 신체 비율 등이 달라 어울리는 옷도 다르기 때문입니다. 직업도 마찬가지이지요. 자신이 좋아하는 것(흥미), 자신이 잘하는 것(적성), 자신이 직업 선택에 있어 중요하게 여기는 조건(직업 가치) 등을 충분히 검토하고 이를 결정에 반영할 때 선택에 대한 만족도는 더욱 높아질 수 있음을 꼭 기억하세요.

둘째, 자신이 관심 있는 직업에 대해 풍부하고 정확한 정보를 수집하세요.

꿈은 손을 뻗으면 바로 거머쥘 수 있는 낮은 곳에 있는 것이 아니라 그냥은 절대 닿을 수 없는 아주 높은 곳에 있기 때문에 그 꿈을 내 것으로 만들기 위해서는 길고 튼튼한 사다리가 필요합니다. 그런데 문제는 이 사다리가 꿈이 무엇이냐에 따라 달라져야 한다는 점입니다. 극단적인 예를 들어 볼까요? 초등학교 교사가 꿈인 학생이 무조건 공부만 열심히 하면 된다고 생각하고 정말 열심히 노력하여 서울대에 진학했습니다. 이 학생은 초등학교 교사가 될 수 있을까요? 아닙니다. 왜냐하면 초등학교 교사가 되기 위해서는 초등교육과를 졸업해서 초등교사자격증을 취득해야 하는데, 이 학생이 진학한 대학교에는 초등교육과가 없기 때문이지요. 아울러 관심 직업에 대한 정보를 찾다 보면 내가 과연 이 직업을 잘해 낼 수 있을까(직업 정보 중 '하는 일'이나 '적성과 흥미'에 관한 내용을 통해)에 대해서도 판단할 수 있습니다. 더 나아가 내가 앞으로 원하는 직업을 갖기 위해 어떤 학과에 진학하고 어떤 자격증을 따야 하며 어떤 수련 과정을 거쳐야 하는지를 알 수 있기 때문에 보다 정확하고 세부적인 진로 계획도 수립할 수 있지요.

셋째, 직업 세계에 대해 폭넓은 그리고 지속적인 관심을 가지기 바랍니다.

어떤 친구들은 한 가지 꿈이 생겼다고 다른 것은 전혀 거들떠보지 않고 그것에만 매달리는 경우가 있습니다. 세상에는 수만 가지의 다양한 직업이 있습니다. 여러분이 알고 있는 직업은 몇 개 정도인가요? 자신이 알고 있는 소수의 직업 중에서 하나를 선택하는 방법은 결코 합리적이라고 할 수 없습니다. 예를 들어 길을 지나가다가 눈에 띈 물건이 마음에 들어 선뜻 구입했는데, 나중에 품질, 디자인, 가격 면에서 더 좋은 물건을 알게 되었다면 얼마나 후회가 클까요? 여러분이 아직 알지 못하는 직업 중에 자신에게 더 적합한 직업이 있을 수 있습니다. 또한 직업의 세계는 고정적이지 않습니다. 끊임없이 변하고 있고 지금 이 순간에도 달라지고 있습니다. 여러분은 지금 당장 직업의 세계로 나아가는 것이 아니기 때문에 달라지는 직업 세계에 대해 더욱 관심을 가져야 합니다. 예를 들어 십 년 뒤에는 아이언맨처럼 입고 벗을 수 있는 '착용 로봇'을 개발하는 웨어러블 로봇 개발자가 주목을 받을 전망이라고 합니다. 자신이 지금 희망하고 있는 직업이 미래에는 어떤 모습으로 변하게 될지 그리고 그러한 변화에 나는 어떤 방법으로 준비하고 대응해야 할지 상상해 보기 바랍니다.

진로 문제가 고민이라구요?

그렇다면 여러분은 일단 고민조차 하지 않는 친구들보다 조금은 앞서 있는 것입니다. 왜냐하면 자신의 진로를 고민하고 있다는 것은 조금 괴롭기는 하지만 그만큼 자신의 미래에 대한 적극적인 관심이 있고, 그 꿈을 이루기 위해 무언가를 해야겠다는 마음의 준비가 되어 있다는 뜻이기 때문입니다.

그런데 앞서 말했듯이 꿈을 이루기 위해 꿈을 꾸는 것만으로는 충분하지 않습니다. 꿈은 저절로 이루어지는 것이 아니라 노력과 의지로 이뤄 내야 하는 것이기 때문입니다. 이제 한 걸음 더 나아가십시오! 그리고 다음 물음에 스스로 답해 보기 바랍니다.

"꿈꾸는 당신, 그 꿈을 이루기 위해 지금 무엇을 하고 있나요?"

| 차례 |

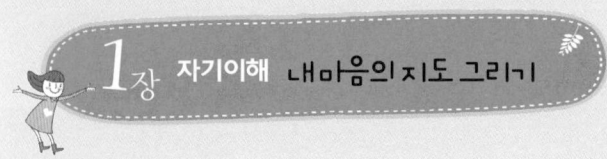

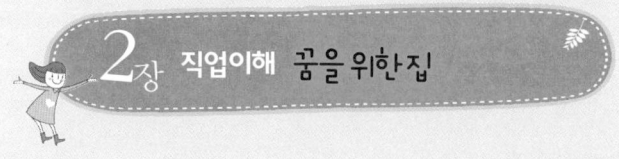

2장 직업이해 꿈을 위한 집

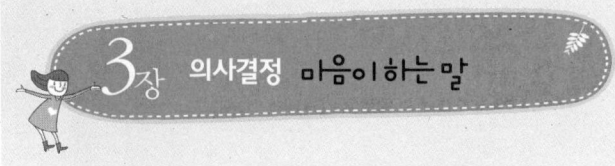

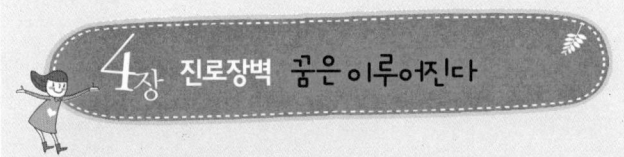

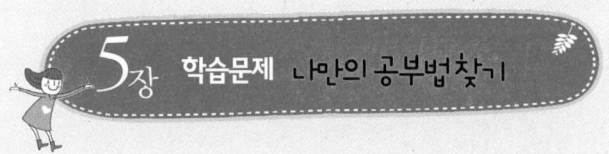

5장　학습문제　나만의 공부법찾기

1장 자기이해

내 마음의
지도 그리기

무엇에 흥미를 느끼는지
잘 모르겠어요

질문

안녕하세요. 저는 고등학교 2학년이 되는 혜경입니다.

진로를 결정하기에는 약간 늦은 것 같은 느낌이 드는데도 아직 구체적인 진로를 결정하지 못해서 이렇게 글을 씁니다. 저는 앞으로 제가 좋아하는 분야의 일을 하고 싶지만 아직 무엇에 흥미를 느끼는지 잘 모르겠고 그래서 직업도 결정하지 못하고 있어요. 방법이 없을까요?

답변

평소 자신의 경험 속에서 찾아보거나 심리검사를 활용하는 방법이 있습니다

안녕하세요, 혜경 님.

고2 진급을 앞두고 흥미를 중심으로 진로를 결정하고 싶지만 여의치 않아 상담을 청했군요.

선생님은 먼저 혜경 님이 흥미를 적극 고려하여 직업을 선택하고자하는 점을 칭찬해 주고 싶어요. 사실 많은 학생들이 직업을 선택할 때적성과 흥미 같은 내적인 조건보다는 보수와 전망 같은 외적인 조건을더 중시하는 경향이 있거든요.

진로 결정이 늦었다고 생각하고 있다고요?

아니요, 그렇지 않습니다. 많은 친구들이 직업 결정은 나중의 일로생각하고 학창 시절에 공부만 잘하면 된다고 생각하거나, 인기 있는 직업 또는 부모님의 기대에 의존하여 직업을 선택하고 있는걸요. 혜경 님의 진로 준비는 올바른 방향에서 누구보다 앞서 있다고 생각합니다. 혜경 님처럼 자신의 흥미 같은 내적 기준을 중심으로 진로를 탐색하는 진지하고 신중한 친구들을 만나면 선생님은 정말 반갑고 기쁘답니다.

그럼 흥미의 중요성과 함께 흥미를 통해 자신에게 어울리는 직업을찾는 방법을 알아볼까요?

자신의 직업을 선택할 때 제일 먼저 고려해야 하는 것 중 하나가 흥미라고 할 수 있습니다. 왜냐하면 사람은 누구나 자신이 좋아하는 일을 할 때 좀 더 잘해 보고자 하는 의욕을 느낄 수 있으며, 거기서 삶의보람도 찾을 수 있기 때문이지요. 흥미란 어떤 종류의 활동에 대해서개인이 가지고 있는 쾌·불쾌, 수락·거부의 경향성을 말합니다. 흔히'~하는 경향이 있다'는 말을 하는 것처럼, 개개인의 생각이나 행동이일정한 방향으로 흐르는 것을 의미하지요. 이는 여러 가지 인간 행동을결정하는 데에 중요한 역할을 합니다. 특히 직업 흥미는 학자들의 연구에 의하면 직업의 선택, 직업의 지속, 직업에서의 만족감, 직업에서의 성공 등과 밀접히 관련된다고 하네요.

자, 그렇다면 직업 선택에 있어서 중요한 흥미를 기준으로 자신에게 어울리는 직업을 찾는 방법을 알아볼까요?

흥미를 알아볼 수 있는 첫 번째 방법으로는 자신이 무엇을 할 때 가장 행복한지, 어떤 일을 할 때 시간 가는 줄 모르고 몰입하는지 등을 주관적으로 살펴보는 방법이 있습니다. 그것이 굳이 직업, 학교 공부 등과 관련된 것이 아니라도 '난 이것을 할 때 제일 신났다', '평소에 친구들과 이런 것을 할 때 정말 재미있다', '예전에 이걸 잘해서 칭찬 또는 상을 받은 적이 있다'…… 등의 순간들을 떠올려 보면서 사소한 것일지라도 관심을 갖고 좋아하는 것을 찾아보는 것이지요.

다음으로 '직업흥미검사'라는 심리검사를 통해 알아볼 수 있는 방법이 있는데, 심리검사는 어떤 영역에 있어 자신의 흥미 정도가 또래 친구들과 비교할 때 어느 정도 높거나 낮은지를 객관적으로 비교해 준다는 장점이 있습니다.

무료 검사이자, 진로를 선택하고 준비하는 데 있어 활용할 수 있는 가장 대표적인 사이트인 커리어넷과 워크넷의 직업흥미검사를 소개하겠습니다.

커리어넷 직업흥미검사

- **경로** | 커리어넷(www.career.go.kr) 진로심리검사 ···▶ 심리검사 ···▶

  중 · 고등학생 심리검사 ···▶ 직업흥미검사 선택(간편형, 15분, 96문항)

- **내용 및 특징**

−직업 선택, 지속적인 직업 활동, 직업에서의 만족감, 직업에서의 성공 등과

  관련하여 자신에게 알맞은 직업을 탐색하는 데 도움을 주기 위한 검사.

−16개 직업 영역별 흥미 정도를 백분위로 표시함. 이때는 백분위 점수의

  절대 순위보다 다른 영역들에 비해 높은 점수를 받은 영역을 파악하는 것

  이 중요. 직업 영역별로 흥미 정도를 나타내는 짧은 분포도 제공, 관련 직

  업 추천.

- **결과 예**

직업흥미검사

- **개발자** : 임언(한국직업능력개발원 선임연구위원), 정윤경(한국직업능력개발원 부연구위원)
- **대상** : 중1 ~ 고3
- **예상소요시간** : 약 15분(시간제한 없음)
- **문항 수** : 96문항

- 직업흥미검사는 직업과 관련된 자신의 흥미를 파악하여 자신에게 적합한 작업을 탐색하는 데 도움을 줍니다.
- 본 검사는 총 16개의 직업흥미영역 중에 내가 특히 흥미를 보이는 직업들을 제시합니다.
- 검사결과를 통해 제시되는 직업들을 클릭하면 커리어넷의 직업사전으로 연결됩니다.

과학 분야 전문직		사무직
과학 분야 숙련직		언론/문학 분야
공학 분야 전문직		예술 분야 전문직
공학 분야 숙련직	**측정 영역**	예술 분야 숙련직
소비자 경제 분야		서비스 분야 전문직
농업/천연자원 분야		서비스 분야 숙련직
경영 분야 전문직		전산/정보통신 분야
경영 분야 숙련직		컴퓨터응용 분야

결과표 구성
- 나의 흥미 백분위 그래프
- 나의 흥미와 일치하는 추천 직업군

워크넷 직업흥미검사

- **경로** | 워크넷(www.work.go.kr) ···▶ 심리검사 배너 ···▶ 직업심리검사 실시

  ···▶ 청소년 직업흥미검사(185문항)

- **내용 및 특징**

  –청소년들의 직업적 흥미를 발견하고, 효율적인 진로 설계를 돕는다. 6가

  지 흥미 유형과 13개 기초흥미 분야에서의 흥미 정도와 함께 관련 학과

  및 직업을 소개하고 있다.

- **결과 예**

···▶ **흥미 코드와 흥미 유형**

- 6개 흥미요인점수 중 높은 점수 순으로 1자리 코드를 2개까지 제시합니다.
- 개인의 흥미 유형을 육각모형으로 시각화하여 제공합니다.

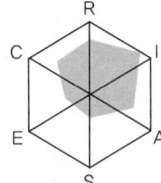

··· R (현실형) – 실행 · 사물지향 ··· S (사회형) – 자선 · 사랑
··· I (탐구형) – 사고 · 아이디어 ··· E (진취형) – 관리 · 과제
··· A (예술형) – 창조 · 아이디어 ··· C (관습형) – 동조 · 자료

일반흥미 유형	기초흥미 분야	점수	표준프로파일	흥미 수준
R(84)	농림	75		중하
	기계 · 기술	55		중하
	사회안전	68		중하
I (78)	과학 · 연구	44		하
A (87)	음악	66		하
	미술	45		중하
	문학	47		중하
S (83)	교육	52		하
	사회서비스	51		하
E (79)	관리 · 경영	51		중하
	언론	48		최상
	판매	66		중하
C (84)	사무회계	63		중하

이렇게 검사를 하고 난 후에 제시되는 추천 직업 중 관심이 가는 것을 몇 개 고르고 이 직업들에 대한 준비 방법, 적성과 흥미, 연봉, 전망 등 세부 정보를 찾은 후(커리어넷, 워크넷 사이트의 직업 정보 코너에서 바로 검색할 수 있어요) 자신에게 적합한 직업을 결정해 보기 바랍니다. 더 나아가 추천된 직업과 연관된 학과 및 희망하는 대학(역시 두 사이트의 학과 및 학교 정보 코너에서 검색할 수 있어요)에 대한 정보를 바탕으로 입시계획을 세워 보는 것도 좋겠네요.

끝으로 안내하고 싶은 것은 직업을 선택할 때 흥미가 매우 중요한 조건이기는 하지만 그 밖에 자신이 잘하는 것(적성), 자신이 직업 선택에 있어 중요하게 여기는 조건(직업 가치), 부모님의 기대 등 여러 가지 기준들을 종합적으로 고려할 때 좀 더 합리적인 선택을 할 수 있다는 점입니다.

위에서 소개한 과정들이 조금은 번거롭고 힘들게 느껴질 수도 있지만 이번 기회에 자신의 흥미에 적합한 직업을 선택하고 그것을 기준으로 학과 및 학교 선택을 하여 구체적인 진로 계획을 수립하면 다가올 힘들고 지루한 수험생 생활도 보다 순조롭게 보낼 수 있을 거예요. 물론 이것은 집중력으로 연결되어 성적 향상이라는 결과로 나타날 것입니다.

마술사의 귓속말

2009 FISM(세계 마술 올림픽) 월드 챔피언십 오리지널리티 어워드와 2008 영국 블랙풀 매직 컨벤션 클로즈업 부문 2위를 수상한 신세대 마술사 최현우 씨를 아시나요?
최현우 씨는 부모님의 심한 반대까지 무릅쓰고 마술사라는 직업을 선택하였는데 그 이유를 물었더니 이렇게 답했다고 합니다.

"최근에 많은 친구들이나 학부모님들이 마술사의 장래 비전은 어떻고, 수입은 어떤지 물어보세요. 그러나 전 좀 다르게 생각합니다. 저는 마술이 좋아서 하다 보니까 여기까지 오게 된 것이지 마술을 해서 돈을 많이 벌겠다거나, 제 직업에 대한 비전을 수학적으로 분석해서 시작한 것은 아니었어요. 그냥 내가 좋아서 한 것이고, 마술에 빠지다 보니까 운이 좋아 지금의 결과를 얻게 된 것이죠.
요즘 많은 친구들이 마술을 하면 돈을 얼마나 벌까 하는 생각을 우선적으로 하는 것 같아요. 하지만 이런 질문은 목적과 수단이 바뀐 것으로 굉장히 어리석다고 생각해요. 어떤 직업이든 간에 돈을 번다는 것은 후차적인 문제이고, 설혹 그 직업의 최고 개런티가 있다고 할지언정 그건 언제든지 바뀔 수 있는 것이니까요. 진짜 좋아하는 것이라서 여기에 내 인생을 걸겠다는 생각으로 매달려야 자기 영역을 구축할 수 있다고 생각합니다."

제가 정말
원하는 직업인지를 알고 싶어요

질문

고등학생인데요, 제가 진짜 원하는 것이 뭔지, 무엇을 하고 싶은지, 어떤 걸 좋아하는지 싫어하는지를 모르겠습니다.

여러 가지 직업흥미검사와 적성검사를 했지만 그 결과가 나한테 맞을까라는 생각도 들고요. 또 연봉도 고려해야 하니까요.

성장하면서 꿈도 많이 바뀌었습니다. 치과의사, 수학 선생님…… 지금은 제가 최우선으로 설계해 놓은 목표가 있습니다.

우선 학교에서 평균 1, 2등 정도의 성적을 받아서 수시로 서울에 있는 대학의 수학과를 가려고 합니다. 이후에는 복수전공으로 통계학과를 공부하다가 재학 중이나 졸업 후에 계리사† 시험을 쳐서 계리사가 되는 것을 목표로 하고 있습니다.

저는 어렸을 때부터 수학경시대회에서 상을 받기도 했을 만큼 수학

•••••

† 계리사(보험계리인)는 보험, 연금, 퇴직연금 등에 대한 보험료 및 보상 지급금을 계산하고 보험 상품을 개발하며 보험 회사의 전반적인 위험을 평가하고 진단하는 직업입니다.

을 좋아하는 편입니다. 어려운 문제는 잘 못 풀지만요.^^

현재 성적은 평균 3등급 모의고사는 4등급 정도 되는데 이런 성적으로 목표를 너무 높게 잡은 건 아니가 하는 불안감도 있고, 내가 진심으로 이 직업을 원하는지도 확신할 수 없습니다. 계리사가 안정적인 직업이고 괜찮은 직업이라고 친구가 소개해 줘서 그때부터 목표를 잡기 시작했지만 내가 이걸 이룰 수 있을까라는 걱정이 들기도 합니다.

계리사가 정말로 원하는 꿈인지 아닌지를 알려면 어떻게 해야 될까요? (수민)

답변

다양한 방법으로 관심 직업에 대한 정보 수집을 해 보세요

안녕하세요, 수민 님.

보험계리사라는 목표가 있지만 정말 자신이 원하는 직업인지 걱정이 되어 상담을 청했군요.

사실 계리사라는 직업이 있는 줄도 모르는 학생들도 많은데, 직업을 잘 파악하고 관련 진학 계획까지 이미 뚜렷하게 설정한 수민 님이 참 성숙하게 느껴지네요. 또한 계리사라는 직업이 안정적이긴 하지만 정말 이 직업이 나에게 잘 맞는 직업인지를 파악하여 최종 선택에 반영하고자 하는 현명한 자세 또한 돋보입니다. 특히 계리사라는 직업을 선택한 이유가 주로 안정적이고, 친구가 괜찮은 직업이라고 추천했다는 외적 조건이기 때문에 내적으로 자신에게 얼마나 어울리는지를 탐색하는 과정은 참으로 적절하다고 보여지네요.

성공한 직업인에게서 공통적으로 찾을 수 있는 능력이 있는데, 바로 자기 성찰 능력이라고 합니다. 어떤 목표를 향해 꾸준히 나아가면서도 가끔씩 내가 왜 이 일을 하고 있는지, 목표를 향해 제대로 가고 있는지, 앞으로 어떤 일들을 더 해야 하는지를 점검하고 반성하는 능력이지요. 계리사라는 목표가 과연 나에게 적합한 일인지를 평가해 보고자 하는 수민 님의 태도가 바로 그 예가 될 수 있겠네요.

자, 그럼 어떤 직업이 나에게 적합한지를 알아보는 방법에는 무엇이 있을까요?

가장 좋은 방법은 직업인이 일하는 현장에 가서 근무 환경도 살펴보고, 직업인이 하루를 어떻게 보내는지도 관찰하며, 직업인의 일 중 간단한 업무 보조를 통해 직업을 체험해 보는 인턴십 직업 체험이라고 할 수 있습니다. 최근 인턴십 직업 체험에 대한 효과가 알려지자 서울을 비롯한 여러 교육청에서 앞다퉈 직업 체험 프로그램들을 마련하고 있습니다. 하지만 현실적으로 원하는 시간에, 원하는 직업을 체험하는 일은 쉽지 않습니다. 그래서 조금 더 쉽게 어떤 직업이 나에게 잘 어울리는지를 알아보는 방법을 소개해 드릴게요.

❶ 인터넷 직업 정보를 통해 알아보기

바지를 사기 위해 의류점에 갔는데 정말 많은 종류의 바지가 눈앞에 펼쳐져 있습니다. 이 중에서 나에게 가장 어울리는 바지를 사려면 어떻게 해야 할까요?

색상, 디자인, 재질, 가격, 바느질 상태 등 세부 정보를 파악한 후 그것을 바탕으로 내가 원하는 것인가를 판단해야 합니다.

직업도 마찬가지예요. 세부적인 직업 정보를 검색한 후 그것을 내가 원하는 조건을 바탕으로 평가해 보아야 합니다.

직업 정보 검색을 위해서는 커리어넷과 워크넷 사이트의 직업 정보 메뉴(자세한 정보 검색 방법은 44~45쪽을 참고하세요)에서 직업명을 검색한 후 제시되는 직업 정보 중 구체적으로 '하는 일'과 이 일을 하는 데 필요한 '적성과 흥미'를 자신에게 적용해 봄으로써 평가하는 방법이 있습니다.

❷ 직업 관련 동영상 시청, 또는 직업인 인터뷰 자료 읽기

인터넷 정보를 통한 평가는 가장 쉽게 할 수 있는 방법이지만, 일반적인 정보이기 때문에 정보의 구체성이 좀 떨어지고, 직업인으로서의 보람과 어려움 등 실제 현장의 숨결을 느껴 보는 데는 한계가 있지요. 이때 활용할 수 있는 방법이 실제 직업인의 직업 생활을 보여 주는 동영상을 시청하거나 직업인의 생생한 인터뷰 기사를 읽는 것입니다.

• **경로** | 커리어넷(www.career.go.kr) ···▶ 미래의 직업 세계 ···▶ 보험계리

인으로 키워드 검색 ···▶ 동영상 인터뷰 보험계리인 클릭

영상 자막 보기를 클릭하면 인터뷰 기사도 함께 살필 수 있어요. 보험계리인의 인터뷰 기사 일부를 살펴볼까요?

▶▶ 직업인으로서 보람과 어려움을 말한다면?

숫자를 다루는 업무이다 보니 굉장히 논리적이고 세밀합니다. 복잡한 가격 산정의 과정을 통하여 상품을 출시하고 그 상품이 잘 팔렸을 때 보람과 매력을 느낍니다. 접근하기 힘든 이론적인 지식이나 과제 들을 논의를 통하여 수학적, 이론적으로 답을 만들어 내고 모델을 만들어 내는 과정을 거쳤을 때 업무적으로 보람과 희열을 느끼고 있습니다.

주된 업무가 회사의 재무 지표를 만드는 일이고 상품의 가격을 산정하는 일이다 보니 꼼꼼하고 엄격하게 추진하고 있습니다.

작은 실수가 벌어졌을 때 회사에 큰 손실을 입힐 수 있는 핵심적인 위치에 놓여 있어 굉장한 부담감을 느끼고 있습니다. 이런 부담감들이 큰 스트레스고 어려운 점이라고 할 수 있습니다.

▶▶ 직업인으로서의 조언을 한다면?

이 업무는 상당히 논리적이면서도 복잡하기 때문에 스스로 합리적이고 적합한 의사결정을 내릴 줄 알아야 합니다. 수학적인 마인드, 논리적 사고에서 적성과 흥미가 있는 학생이라면 보험계리 업무를 적극적으로 추천하고 싶습니다.

❸ 직업인 인터뷰

직업인 인터뷰는 정보 검색을 통해 해결할 수 없었던 궁금한 점에 대해 직업인에게 직접 물어볼 수 있다는 장점을 갖고 있는 방법이지요. 계리사 관련 조직으로는 한국보험계리사회(http://www.actuary.or.kr)가 있네요. 다음 안내 사항을 바탕으로 하여 인터뷰를 시도해 보기 바랍니다.

▶▶ 인터뷰 방법의 선택

• 직접 면접, 이메일, 전화, 팩스 등 다양한 방법 선택

▶▶ 주의 사항

• 사전에 연락을 해 인터뷰를 예약한다.
• 질문할 문항을 준비하여 직접 만나러 가기 전에 이메일 등으로 내용을 미리 알린다.
• 방문 시에는 자기 신분을 밝히고 방문 목적과 협조를 부탁한다.

- 바른 자세와 용모로 친밀감을 주도록 한다.

- 인터뷰이의 근무에 지장을 주지 않도록 안내와 지시에 따른다.

- 의문 사항이 있을 때에는 정확하게 질문한다.(사전 질문 문항 준비 필요)

- 인터뷰가 끝나면 반드시 감사의 인사를 하고 나오며 나중에 인터뷰 결과를 첨부하여 감사 편지나 이메일을 보낸다.

▶▶ 인터뷰에서의 질문 목록의 예

- 평소에 주로 하는 일이 무엇입니까?

- 최근에 기술 향상이나 시장의 변화 등으로 일이 달라진 점이 있습니까?

- 직업은 어떻게 결정하셨습니까?

- 이 직업의 전망은 어떻다고 생각하십니까?

- 당신이 하는 일이 회사나 조직의 목표에 어떤 방식으로 기여한다고 생각합니까?

- 일을 계속해 나가는 데 있어서 대비해야 할 것들이 있습니까?

- 이 일에 종사할 사람에 대한 수요는 계속 있습니까?

- 이 일에 종사하기 위해서 미리 준비해야 할 것은 무엇입니까? 자격 요건은요?

- 하는 일이 좋은 이유와 싫은 이유를 하나씩 말씀해 주십시오.

- 처음에 사회에 진출할 때는 어떤 종류의 일을 하는 것이 가장 배울 것

•••••
황매향,『진로탐색과 생애설계』, 2005, 학지사(서울YMCA진로진학상담실, 2003 나의 길 찾기 내용 재구성)

이 많다고 생각하십니까?

- 초봉은 얼마이고 승진함에 따라 연봉이 어떻게 변합니까?

- 일을 하고 의사결정을 내리는 데 있어서 얼마만큼의 자율성이 주어집니까?

- 이 분야에서는 승진의 기회가 많이 있습니까?

- 이 직업에서 가장 힘든 점은 무엇이며 가장 만족스러운 점은 무엇입니까?

- 이 분야에서 성공하기 위해서는 어떤 성격 특성을 지니는 것이 유리합니까?

- 이 분야가 쇠퇴할 만하다고 여겨지는 부분이 있습니까?

- 이 분야에서 일하는 것에 대하여 어떤 부정적인 견해가 있을 수 있는지 의견을 듣고 싶습니다.

- 이 분야에 종사하려고 생각하는 사람이 있다면 어떤 충고를 해 주고 싶습니까?

- 어떤 지식, 기술, 경력이 일자리를 구하는 데 도움이 되었습니까?

- 이 일을 하기 위해서는 어떤 학력, 교육 과정이 필요합니까?

- 이 일에 대해 더 자세히 알고 싶다면 어떤 자료, 기관을 이용하면 됩니까?

- 더 많은 의견을 구하기 위해 또 다른 분을 찾아뵙고 싶은데 소개해 주실 수 있습니까? 그리고 그분을 찾아뵐 때 선생님께서 소개시켜 주셨다고 얘기해도 될까요?

- 제 학력, 기술, 지식, 성격 등에 대해서 말씀드렸는데 이 일 말고도 추천해 주고 싶은 분야가 있는지요?

❹ 직업 체험 기관을 활용한 직업 체험

실제로 직업인이 일하는 일터를 가 보는 것보다는 못하지만 직업 체험 기관에서 직업인들의 주요 활동을 체험하는 것은 어떤 직업이 자신에게 어울리는지 몸으로 경험할 수 있는 좋은 방법입니다. 마침 대규모 직업 체험 시설 '한국잡월드(koreajobworld.or.kr)'가 경기도 분당에 문을 열었습니다. 보험계리사와 가장 관련 있는 직업으로 경영·금융 분야의 증권연구소 및 리서치연구소 직원이 있으니 시간을 내어 방문해 보기 바랍니다. 인터넷으로 사전에 예약해야 한다는 점을 잊지 마세요.

너무 많은 방법을 안내하니 좀 부담스럽죠? 하지만 한꺼번에 시도하라는 것은 아닙니다. 앞에서 안내한 방법들은 좀 더 쉽게 그리고 시간을 덜 들이고 할 수 있는 순으로 제시했으니, 일단 학기 중에는 첫 번째와 두 번째 방법을, 그리고 방학이나 주말을 이용하여 나머지 방법을 시도해 보기 바랍니다.

관심 직업에 대해 충분히 알아본 후에는 다음의 표를 작성해 봄으로써 최종 결정에 참고하기 바랍니다.

끝으로 알려 드리고 싶은 것은 모든 면에서 완벽한 직업을 찾아서 직

판단	나의 선택	앞으로의 계획
적합하지 않은 편이다	그래도 계리사가 되고 싶다.	부족한 점을 보완하기 위해 어떻게 노력할 것인가요?
	적성과 흥미에 맞는 다른 직업을 찾아보겠다.	그렇게 생각한 이유와 나에게 적합한 직업은 무엇인가요?
적합한 편이다	계리사가 되기 위해 준비하겠다.	계리사가 되기 위해 앞으로 어떻게 준비할 것인가요?
	적합하지만 다른 직업을 선택하고 싶다.	그렇게 생각한 이유와 나에게 적합한 직업은 무엇인가요?

업을 결정하는 경우는 별로 없다는 점입니다.

이것은 우리가 물건을 살 때의 경험과 비슷합니다. 예를 들어 볼까요? 휴대폰 하나를 사야 하는 상황에서 살펴보니 디자인, 성능, 색상, 브랜드, 가격 등 정말 다양한 상품이 있습니다. 일단 여러 휴대폰에 대한 장단점 정보를 수집해 보니 어떤 것은 성능은 좋은데 가격이 비싸고, 어떤 것은 반대로 가격은 저렴한데, 성능이나 디자인이 좀 떨어집니다. 이때 우리는 무엇을 기준으로 선택하나요? 자신이 더 중요하게 여기는 것을 기준으로 하지요. 가격이 중요한 사람은 가격을, 디자인이 중요한 사람은 디자인을 위주로 결정하게 됩니다.

직업도 마찬가지입니다. 여러 직업의 장단점에 대한 충분한 지식을 갖춘 후 나에게 있어 어떤 조건(예를 들어 연봉, 전망, 적성과 흥미 등)이 더 중요한지를 기준으로 그 직업을 판단해 보고 최종 결정을 하면 됩니다.

직업 선택에 완벽한 정답은 없다는 점을 꼭 기억하세요!

어떤 직업이 나에게 적합한지 알고 싶을 때

- 관심 직업에 대한 인터넷 정보 중 '적성과 흥미'에 대한 정보를 찾아 자신에게 적용해 보세요.

- 관심 직업 관련 동영상을 시청하거나 직업인 인터뷰 자료를 읽어 보세요.

- 직업인 인터뷰를 통해 궁금한 것을 물어보고 그 내용을 자신에게 적용해 보세요.

- 직업 체험을 통해 관심 직업을 몸으로 느껴 보세요.

- 다음은 다양한 직업 또는 직업인 인터뷰 동영상을 볼 수 있는 곳입니다. 혹시 나중에 다른 직업에 대한 관심이 생겼을 때 살펴보세요.

❶ 워크넷(www.work.go.kr)

- 진로 · 직업−직업 · 취업 · 학과 동영상 ⋯▸ 직업 동영상 ⋯▸ 분야별 직업 중 관심직업 클릭

❷ 커리어넷(www.career.go.kr)

- 미래의 직업 세계 ⋯▸ 직업 정보 ⋯▸ 직업인 인터뷰

  − 도전하는 한국인(사회의 분야별 유명 인물)

  − 동영상 인터뷰(사회의 주도적 인물)

  − 창의적 기업가(청년 기업가/사회적 기업가)

- 미래의 직업 세계 ⋯▸ 동영상 ⋯▸ 직업 정보 ⋯▸ 미래의 직업 세계

  − 일반직업(일반 직업 230개)

  − 신직업(신생 직업 80개)

❸ 서울진로진학정보센터(www.jinhak.or.kr)

- 진로 정보 ⋯▸ 진로 직업 정보 ⋯▸ 전문가와의 만남

하고 싶은 게 없어요

질문

저는 어느 정도 공부도 하고 어느 정도 놀기도 하는 평범한 중학생입니다.

전 어렸을 때부터 부모님을 닮아서 손재주가 좋았어요. 아버지가 전통 금속공예를 하시고 엄마가 홈패션을 하시거든요. 그래서 저도 잘하는 쪽으로 가면 좋긴 할 텐데 부모님이 얼마나 고생하시는지랑 그 일들이 얼마나 힘든지를 알아서 하고 싶지가 않아요. 아빠가 금속공예를 하셨었는데 찾는 사람들이 없어서 지금은 엄마가 만드시는 이불로 장사를 하시거든요.

직업이 필요하다는 건 알겠는데, 도대체 하고 싶은 게 없어요. (지은)

답변

자신의 적성, 흥미, 가치관 등을 종합적으로 탐색해 보세요

안녕하세요, 지은 님.

자신이 좋아하는 직업을 도무지 찾기 어려워 고민하다가 상담을 청했군요. 하지만 선생님은 지은 님의 글을 읽으며 먼저 지은 님 자신이 무엇을 잘하는지, 즉 적성을 잘 알고 있다는 인상을 받았어요. 이것조차 모르거나, 아예 없다고 생각하는 친구들도 적지 않거든요. 또 지은 님은 부모님이 구체적으로 무슨 일을 하시는지, 어떤 점을 힘들어 하시는지에 대해서도 파악하고 있는 것으로 보아 진로에 대한 고민을 충분히 하고 있는 학생이라는 생각이 드는군요. 그런데 직업 선택에 있어 적성과 흥미가 중요하기는 하지만 그것만을 가지고 아무 고민 없이 직업을 선택하는 사람은 많지 않답니다. 한번 주변 직업인들에게 물어보세요. 중학교 시절에 정말 하고 싶은 것이 뚜렷해서, 그 직업만을 준비한 후 현재의 직업을 갖게 된 사람이 있는지요. 거의 없습니다. 그렇게 직업을 찾았다 해도 그것은 자신의 적성과 흥미, 가치관 등에 대한 오랜 시간의 고민과 탐색 끝에 중학교 시절보다 훨씬 나중에 발견되는 경우가 많지요. 또 많은 직업인들은 이 직업, 저 직업을 비교하면서 하고 싶은 일보다는 그나마 괜찮다고 생각하는 일을 찾으려고 합니다. 자신이 직업 선택에 있어 중요하게 여기는 조건을 통해 살펴볼 때 조금이나마 장점이 많은 일이라고 타협하며 직업을 결정하지요.

자, 그렇다면 지금부터 지은 님이 해야 할 일은 무엇일까요?

바로 자신의 적성과 흥미, 가치관 등을 좀 더 폭넓게 그리고 객관적으로 살펴보는 것입니다. 물론 지은 님에게 손재주라는 적성이 있지만 더 많은 흥미(자신이 좋아하는 것)와 적성(자신이 잘하는 것)이 있을 수 있으니까요. 그리고 사람마다 직업을 선택하는 데 중요하게 여기는 조건을 직업 가치관이라고 해요. 어떤 사람은 보수와 전망을, 어떤 사람은 여가 시간을, 어떤 사람은 보람과 의미를 중요하게 여기는 것처럼 사람마다 직업 가치관은 다르답니다. 따라서 지은 님이 직업 가치 중 어떤 것을 더 중요하게 여기는가를 먼저 파악하고 그것을 기준으로 직업을 결정할 때 보다 만족스러운 직업 생활을 할 수가 있답니다.

❶ 적성과 흥미를 알기 위해 자신의 경험을 탐색하고 다른 사람으로부터 정보를 수집하는 것도 필요합니다.

지금까지 자신의 생활을 돌아보세요. 시간 가는 줄 모르고 푹 빠져 하는 일은 무엇인지, 다른 사람으로부터 칭찬을 받은 적은 언제였는지, 학교에 다니면서 어떤 분야에서 상을 탔는지 등을 말입니다. 아울러 자신을 잘 알고 있는 사람 즉, 부모님, 형제, 친척, 선생님, 친구 등에게 내가 무엇을 좋아하고 잘했는지 정보를 수집해 보세요. 자신이 스스로 몰랐던 적성과 흥미에 대해 오히려 다른 사람이 더 잘 파악하고 있는 경우도 있거든요.

❷ 커리어넷 사이트의 '아로플러스'를 실시해 볼 것을 권합니다.

이 서비스는 직업적성검사, 직업흥미검사, 직업가치관검사를 통해 종합적으로 자신에게 적합한 직업 및 관련 학과를 추천해 주고 있습니다. 물론 한 가지를 꼭 집어 주는 것이 아니라 여러 가지 직업을 추천해 주기 때문에 그중에서 다시 자신에게 맞는 것을 선택하는 과정이 필요합니다. 이때 그냥 직업명뿐만 아니라 하는 일, 적성 및 흥미, 보수, 전망 등 구체적인 정보를 바탕으로 평가해 보아야 합니다.

• **경로** | 커리어넷(www.career.go.kr) ⋯▶ 진로심리검사 ⋯▶ 진로 탐색 프로그램 ⋯▶ 아로플러스

아로플러스

● 아로플러스는 직업적성검사, 직업흥미검사, 직업가치관검사, 과목별 성취 및 흥미, 직업상세능력검사 결과를 종합해 학생들이 자기를 이해하도록 합니다.

● 아로플러스는 관심 있는 직업이 있는지 없는지에 따라 '자기 이해를 통한 진로 탐색'과 '관심 직업을 통한 진로 탐색'의 두 가지 경로로 구성되어 있습니다. 관심 있는 직업이 있는 경우 그 직업이 나의 심리검사 결과와 얼마나 일치하는지를 보여 줍니다.

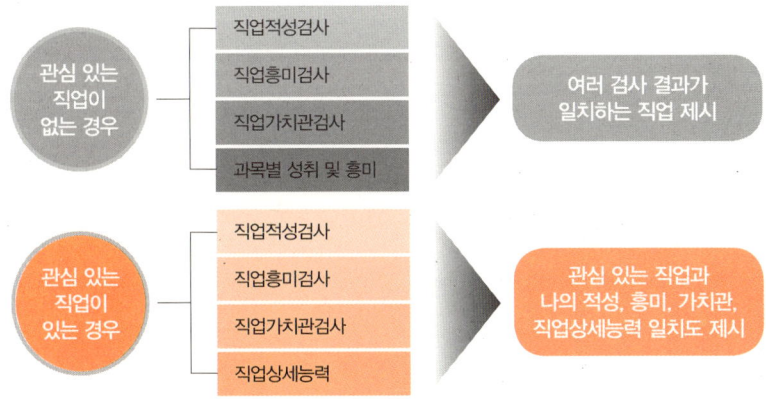

이 검사는 정답이 있어 맞히는 검사 즉, 능력검사가 아니라 자신의 특성을 스스로 보고하는 방식의 검사이기 때문에 문항을 잘 읽은 후 솔직하게, 빠짐없이, 성실하게 답해야 의미 있고 정확한 결과가 나온다는 점도 꼭 기억하세요.

❸ 심리검사 결과에 제시된 직업의 세부 정보를 탐색하세요.

커리어넷 사이트(www.career.go.kr) 직업 정보 메뉴를 통해 직업에 대한 여러 가지 자료를 수집해 보세요. 왜냐하면 현명한 선택의 기본은 정확한 정보니까요. 물건을 살 때 충분한 조사를 하지 않고 눈에 띄는 물건을 무심코 샀는데 나중에 더 마음에 드는 물건이 있어 속상한 적이 없었나요? 물건을 사는 간단한 일도 이렇게 후회와 손해를 불러오는데 하물며 인생에서 가장 중요한 직업을 선택하는 데 있어 정보 수집을 소홀히 할 수 없겠지요? 구체적으로 하는 일, 필요한 적성과 흥미, 준비 방법(학력과 자격증), 연봉과 전망, 관련 학과 등을 꼼꼼히 살펴보세요.

❹ 정보 수집 결과를 바탕으로 그중에서 가장 마음에 드는 것을 선택해 보세요.

직업은 이름을 가지고 선택하는 것이 아닙니다. 직업 정보 수집 결과를 비교하며 자신에게 가장 적합한 직업을 찾을 때 보다 현명한 선택을 할 수 있답니다. 그래도 마음에 드는 것이 없다구요? 그렇다면 기준에 의한 배제 즉, 자신에게 중요한 직업 선택 기준 몇 개를 정해 놓고 거기에 맞지 않은 것들을 탈락시켜서 나중에 남는 것을 선택하는 방법을 활용해 보세요. 예를 들어 자신에게 적성과 흥미가 가장 중요하다면 결과에 제시된 직업들 중 적성과 흥미에 가장 적합하지 않다고 생각되는 것들을 탈락시키고 다음으로 중요한 기준이 부모님의 기대라면 부모님이 가장 불만족스러워 하시는 직업들을 제외시키는 방식으로 진행하여 남은 직업을 선택하는 방법이지요. 이때 막연히 자신의 생각만으로 배제시키지 말고 앞에서 찾은 직업에 대한 세부 정보를 충분히 활용하기 바랍니다. 배제 모델에 대한 자세한 내용은 참고자료(38쪽, 'Tversky의 관점에 따른 배제 모델')를 통해 익힌 후 직업 선택을 위한 표를 직접 작성해 보세요.

위에서 소개한 과정이 시간도 오래 걸리고, 힘들 것 같아 보이기는 하지만 나의 적성과 흥미, 가치관이 어떠한지, 내가 관심 있는 직업의 세계에서는 무슨 일을 하고 어떤 준비가 필요한지, 내가 앞으로 꿈을 이루기 위해 어떻게 노력해야 할지 등을 알게 되므로 지금보다 훨씬 성장하고 발전한 자신을 발견할 수 있을 거라 생각합니다.

자, 이제는 책상 앞에서 머리로만 고민하는 것은 그만!
손과 발을 움직이며 자신의 목표를 향해 힘차게 출발해 보기 바랍니다.

Tversky의 관점에 따른 배제 모델

• 결정 순서

❶ 고려할 진로들에 대한 여러 관점(측면)이나 특징을 파악하고 그것들의 상

대적 중요성을 먼저 결정함.

❷ 각 측면에 대해 원하는 기준을 설정함.

❸ 한 번에 한 측면씩 고려하여 해당되지 않는 대안을 배제함.

• 예 교육학과로 진학하려는 학생이 대학을 선택하는 상황

단계	기준	배제하는 대안
1	교육학과를 전공하고 싶다.	교육학과 전공이 없는 대학을 탈락시킴.
2	서울에 있는 대학에 진학하고 싶다.	서울 외 지역에 있는 대학을 탈락시킴.
3	4년제 대학에 진학하고 싶다.	2, 3년제 대학을 탈락시킴.
4	취업률이 높은 대학에 진학하고 싶다.	교육학과나 전공 졸업생의 취업률이 40% 미만인 대학을 탈락시킴.

• 활용 배제 모델을 이용해 가장 적합한 직업 고르기

아로플러스 결과 추천된 직업		
단계	나에게 중요한 직업 선택 기준	배제하는 직업
1		
2		
3		
4		
남은 직업		

• • • • •

· 대학알리미(www.academyinfo.go.kr) 사이트를 활용할 수 있습니다. 교육과학기술부에서 주요 지표 즉, 취업률, 등록금 현황, 중도 탈락 학생 비율 등, 각 대학교의 자료를 수집하여 공개하고 있습니다.

제가 하고 싶은 직업과
심리검사 결과가 달라요

질문

저는 예비 고1입니다.

전 주로 여행 쪽에 관심이 참 많습니다.

답답하게 사무실에 앉아서 일하는 거에 만족할 수 없다는 생각을 많이 해요.

그런데 적성검사만 하면 경영 쪽이 점수가 높게 나오더라구요.

제 고민은 이겁니다.

여행과 관련된 직업이 나에게 맞나, 아님 검사 결과에 따라서 경영 쪽의 전문직으로 나가야 하나…….

사실 심리검사 결과에서 나온 경영 쪽 직업에도 관심이 없는 것은 아니구요.

저는 지금 여행설계사와 경영 쪽 직업 사이에서 갈등하고 있어요.

한마디로 요즘 제 머릿속은 복잡합니다. (은수)

심리검사를 할 때 어떤 자세로 임했는지 돌아보세요

적성검사 결과에서 추천하는 직업과 자신이 꿈꾸는 직업이 달라서 고민하고 있군요. 적성, 흥미, 가치관 검사 등 진로와 관련된 심리검사를 했는데, 그 결과와 자신이 평소 관심을 가지고 있는 직업이 다를 때 참 난감하지요. 게다가 검사에서 추천하는 직업이 그리 싫지도 않다면 혼란스러움은 더할 수밖에 없구요.

검사 결과에서 나온 내용들이 평소 생각했던 나의 모습과는 다를 수 있습니다. 여기에는 다음과 같은 이유가 있을 수 있으니, 잘 읽고 자신이 어느 경우에 해당하는지 점검해 보세요.

❶ **검사에 대한 소개와 질문을 잘 읽고 응답을 했나요? 혹시 이해가 안 되는 질문인데도 그냥 응답한 것은 없나요?**

검사 문항을 정확히 읽고 성실하게 응답했을 때 결과가 제대로 나올 수 있는데, 그렇지 않을 경우 즉, 대충 읽고 불성실하게 응답했을 때 결과가 왜곡될 수 있고, 그것이 자신이 평소 꿈꾸는 직업과 다른 결과로 이어질 수 있답니다. 또는 검사 문항 중 많은 문항에 대해 답을 하지 않았을 때에도 역시 엉뚱한 결과가 나올 수 있습니다.

❷ 나의 평소 모습을 솔직하게 있는 그대로 응답했나요?

자신의 솔직한 모습은 따로 있는데, 다른 사람의 기대에 부응하려 하거나 막연히 환상을 가지고 있는 쪽으로 응답을 했을 경우 역시 결과가 왜곡될 수 있습니다. 검사가 그 차이까지 알아내어 결과에 반영하기는 어렵거든요. 적성검사 대부분이 능력검사(정답이 있는 문제를 풀어서 맞힌 결과에 따라 직업을 제시하는 검사 방식)가 아니라 자기보고식 검사(정답이 없이 어떤 문항에서 묻는 능력을 자신이 얼마나 잘할 수 있는지를 스스로 판단하여 답하게 하고 거기에 따라 직업을 추천하는 방식)입니다. 따라서 비록 그 능력이 높음에도 불구하고 의도적으로 부족하다고 답하고, 반대로 그 능력이 부족함에도 불구하고 충분하다고 답을 했을 경우 그 결과는 평소 자신의 모습이 아니라 자신이 환상으로 만든 모습에 가깝게 제시되므로 이것이 평소 자신의 모습과 검사 결과가 달라지는 원인이 될 수 있습니다. 자신이 솔직한 마음으로 끌리고 관심이 가는 쪽에 응답하지 않고 부모님이 기대하는 모습이나 남들이 멋지게 생각해 주는 쪽에 응답을 했을 경우 검사 결과는 자신의 진정한 모습과 다르게 나올 수 있다는 것이지요.

❸ 혹시 지금 내가 너무 자신감이 없는 상태(또는 과하게 자신감이 넘치는 상태)는 아닌가요?

검사에 응할 때 만약 너무 자신감이 없어 일정 수 이상의 문항에 부정적으로 답했을 경우 즉, 자신이 다른 것에 비해 조금은 잘할 수 있는 영역이 있음에도 불구하고 자신감이 떨어진 나머지 대부분의 문항에서 잘 못한다는 쪽으로 응답을 했을 경우 검사 결과는 정확하게 나오지 않습니다. 또는 반대로 어떤 영역은 다른 사람과 비교할 때 객관적으로는 뛰어나지 못함에도 다 잘할 수 있다는 식으로 즉, 너무 낙관적인 마음으로 검사에 임했을 때 그 검사 결과 역시 신뢰하기 어렵습니다.

❹ 내가 나에 대해서 잘 모르는 것은 아닌지에 대해서도 생각해 보기 바랍니다.

위에서 제시한 내용이 모두 자신에게 해당되지 않는다고요? 검사를 성실하고 정직한 자세로 했는데도 예상한 결과와 다르게 나왔다면 그것은 내가 그동안 생각해 왔던 나의 모습보다 검사 결과에서 나온 나의 모습이 더 사실에 가까울 수도 있다는 것입니다. 이것은 평소 내가 생각해 왔던 내 모습과 검사를 통해 새롭게 알게 된 내 모습을 더해서 앞으로 자신의 감춰진 능력이나 가능성을 발견하게 될 계기일 수 있습니다. 예상치 않은 검사 결과를 부정하기보다는 그 결과를 통해 자신의 새로운 진로를 꿈꿀 수도 있게 되었다고 볼 수도 있지요?

위의 네 가지 관점에서 바라보았을 때 은수 님의 경우는 ❷와 ❹를 고려해 볼 수 있을 것 같습니다. ❷와 ❹의 내용을 자신에게 적용해 보기 바랍니다.

내가 어떻게 응답을 했는지 살펴보되 혼자서 이를 파악하기 힘들다면 검사 결과를 가지고 학교의 진로 상담 선생님과 해석을 다시 해 보는 것도 필요합니다. 결과가 이상하다고 그냥 넘어가지 말고 왜 이런 결과가 나왔는지 알아보세요. 만약 위에서 제시한 잘못된 검사 태도 중 어떤 것에 문제가 있었다면 그 점을 마음에 새기고 좀 더 정확한 결과를 얻기 위해 다시 한 번 검사를 실시하는 것도 좋습니다.

끝으로 적성, 흥미, 가치관 검사와 같은 진로심리검사의 결과를 어디까지 믿을 수 있는지 알아볼까요?

공신력 있는 기관에서 실시하는 심리검사들은 높은 신뢰도(검사 점수에 포함된 오차의 정도를 나타내 주는 수치로서 검사 결과를 얼마나 믿을 수 있는지를 알려 주는 척도)와 타당도(검사 문항이 측정하고자 하는 것을 적절하게 반영하고 있는가를 보여 주는 수치로서 적성검사라면 적성을 얼마나 정확하게 재고 있는지를 알려 주는 척도)를 가지고 있습니다. 즉, 신뢰도와 타당도가 높다는 것은 검사 대상에게 언제 검사를 실시해도 같은 결과가 나올 만큼 안정적이고 일관성이 있으며, 검사에 사용된 질문들은 적성을 파악하는 데 알맞은지 검증이 되었다는 것을 의미합니다.

그러나 어떤 검사이든 백 퍼센트 완벽한 검사는 없습니다. 검사 결과를 나에 대한 참고자료로 활용하되, 그 결과에 완전히 의존하여 의사결정을 하는 것은 바람직하지 않으니 주의해야 합니다. 그러므로 만약 자신이 원하는 직업이 검사 결과에 나오지 않았다고 해도 자신이 정말 하고 싶다면 얼마든지 꿈을 이룰 수 있다는 점을 꼭 기억하세요.

직업 결정에는 적성뿐 아니라, 흥미, 가치관, 지금 나의 상황과 과거의 경험 등이 모두 매우 중요합니다. 그러므로 적성검사는 진로를 결정하는 여러 가지 요소 중 한 가지에 불과하다는 것을 잊지 마세요.

자, 그렇다면 은수 님의 경우 경영 쪽의 직업과 여행 관련 직업 중 최종 선택은 어떻게 해야 할까요?

첫째, 관심 분야에 대한 구체적인 직업 목록을 찾아보세요.

경영 쪽의 직업에는 여러 가지가 있습니다. 여행 관련 직업도 마찬가지고요. 여러 직업 중 어떤 것에 더 관심이 가는지 알아보는 과정이 필요합니다.

학용품을 예로 들어 본다면 학용품 중에서도 자신에게 필요한 것이 연필, 공책, 볼펜 중 어떤 것인지를 분명히 하자는 것입니다.

커리어넷(www.career.go.kr) ⋯▶ 미래의 직업 세계 ⋯▶ 직업 정보 ⋯▶ 직업분류별 메뉴에 가서 경영·회계·사무 관련직을 클릭하면 관련 직업 목록이 제시되는데, 경영컨설턴트, 마케팅전문가, 물류관리사 등 27개의 직업이 나오네요.

관심 있는 직업이 속한 직업 분류 키워드만 콕 집어 찾아보고 싶다면 직업 정보 검색창에 직접 원하는 분야를 입력할 수 있어요. 여행 관련직을 검색하면 여행상품개발원, 여행안내원 등이 소개되어 있어요.

직업 정보

여행	검색	나의 관심 직업 +

직업분류	조건검색	적성유형별탐색
☐ 전체	☐ 관리직	☐ 경영 · 회계 · 사무 관련직
☐ 금융 · 보험 관련직	☐ 교육 및 자연과학, 사회과학 연구관련직	☐ 법률 · 경찰 · 소방 · 교도 관련직
☐ 보건 의료 관련직	☐ 사회복지 및 종교 관련직	☐ 문화 · 예술 · 디자인 · 방송 관련직
☐ 운전 및 운송 관련직	☐ 영업 및 판매 관련직	☐ 경비 및 청소 관련직
☐ 미용 · 숙박 · 여행 · 오락 · 스포츠 관련직	☐ 음식 서비스 관련직	☐ 건설 관련직
☐ 기계 관련직	☐ 재료 관련직(금속 · 유리점토 · 시멘트)	☐ 화확 관련직
☐ 섬유 및 의복 관련직	☐ 전기 · 전자 관련직	☐ 정보통신 관련직
☐ 식품가공 관련직	☐ 환경 · 인쇄 · 목재 · 가구공예 및 생산단순직	☐ 농림어업 관련직
☐ 군인		

직업분류란 ❗   ✓ 선택검색 결과보기

둘째, 관심 직업을 몇 개 선정하고 세부 직업 정보를 수집하세요.

위에서 찾은 여러 직업 중 관심이 가는 직업을 몇 개 추려 보세요. 이 때 직업 이름이 낯설다고 무조건 제외시키지 말고 일단 정보를 찾아본 후 결정하는 것도 좋은 방법입니다. 자신에게 적합한 직업을 잘 모른다는 이유만으로 탈락시켜 버리는 실수는 없어야 하니까요. 단순히 직업명만을 보는 것이 아니라 구체적으로 하는 일, 적성과 흥미, 준비 방법 (학력과 자격증), 보수와 전망 등 세부정보를 파악하면서 자신에게 어떤 직업이 더 어울리는지를 좀 더 현명하게 선택할 수 있을 거예요.

셋째, 직업 정보와 직업 가치를 바탕으로 자신에게 어울리는 직업을 찾아보세요. 직업 가치는 자신이 직업 선택을 하는 데 중요하게 여기는 조건을 말한다고 했죠? 예를 들어 '다른 사람들이 멋있다고 생각하는 직업을 갖고 싶다(사회적 인정)', '부모님이 찬성하시는 직업을 갖고 싶다(부모님의 기대)', '자유롭게 일하는 직업을 갖고 싶다(자율성)' 등이 그것입니다. 이 중에서 어떤 가치가 더 중요하느냐에 따라 최종 결정이 달라질 수 있는데, 만약 스스로 판단하기 어렵다면 커리어넷 사이트 심리검사 코너에서 제공하는 직업가치관검사(커리어넷···▶진로심리검사···▶심리검사···▶직업가치관검사)를 해 보는 것도 도움이 됩니다.

넷째, 두 가지 분야 모두 하고 싶은 마음이 간절하다면 조금이라도 더 마음이 끌리는 일은 직업으로, 나머지 분야는 취미로 활용하는 방법도 있습니다. 즉, 여행 쪽의 직업을 갖고 경영 분야에 관심 있는 사람들이 모인 카페에 가입하여 활동하는 방법이 있을 수 있지요. 경영 분야의 직업에 종사하며 휴가 때 자유 여행을 기획하고 실행한 후 그 과정을 사진과 글로 모아 여행기를 내 보는 방법도 있을 수 있겠네요. 또는 인생의 일정 시기를 정해 놓고 그 시기까지는 한 분야의 일을 하고 이후에는 다른 분야의 직업을 갖는 방법도 있을 수 있겠지요.

이러한 과정들이 조금은 힘들고 번거롭게 느껴지겠지만 이를 바탕으로 진로를 결정하고 준비한다면 은수 님의 인생은 그 누구보다 행복하고 성공적인 삶이 될 수 있을 거예요.

커리어넷 직업가치관검사

• 경로 | 커리어넷(www.career.go.kr) ···▸ 진로심리검사 ···▸ 심리검사 ···▸ 중
고등학생용 심리검사 ···▸ 직업가치관검사

커리어넷의 직업가치관검사는 직업과 관련된 다양한 욕구 및 가치
들에 대해 각 개인이 상대적으로 무엇을 얼마나 더 중요하게 여기는
가를 알아보는 데 도움이 된다. 아래와 같이 총 8개 가치에 대해서
우선 순위를 정하도록 구성되어 있다.

직업 가치	가치 정의
능력 발휘	자신의 능력을 발휘하고 성취감을 갖는 것
보수	많은 돈을 버는 것
안정성	오랫동안 그 직장에서 일할 수 있는 것
사회적 인정	다른 사람으로부터 인정받는 것
사회봉사	다른 사람들에게 구체적으로 도움이 되는 일을 하는 것
발전성	더 발전하고 배울 수 있는 기회가 있는 것
창의성	자신의 아이디어를 내서 새로운 시도를 할 수 있는 기회가 많은 것
자율성	윗사람의 명령이나 통제 없이 독자적으로 일하고 책임지는 것

가치관검사의 결과는 검사받은 사람이 어떤 직업 가치를 더 우위에 두고 있
느냐 하는 것이며, 따라서 그 결과로 제시된 직업을 반드시 선택해야 하는
것은 아니다. 가치관은 변할 수 있고, 자신이 특정 가치관을 우선시했다면,
그 이유가 무엇인지에 대해서 깊이 생각해 보고, 함께 다른 사람과 이야기
해 보는 시간을 갖는 것도 필요하다.

심리검사 결과가 이상하다고요?

검사 결과는 왜 직업군으로 제시되나요? 나에게 맞는 딱 하나의 직업만 얘기해 줄 수는 없나요?

검사 결과를 직업군으로 제시하는 이유는 첫째, 직업군에 속한 모든 직업을 학생들의 개별성에 맞춰 일일이 소개할 수 없어서입니다.

그래서 적성과 관련된 직업군의 대표적인 특성을 가진 몇 개의 직업을 제시하게 됩니다. 그러니까 실제 그 직업을 선택해야 한다고 생각하기보다는 '그러한 직업을 잘할 가능성이 높구나'라고 생각하는 것이 더 적합합니다. 혹 평소에 생각하지 못했던 직업군이라 할지라도 그 직업군에는 어떤 직업들이 있고, 그 직업 종사자들은 어떤 일을 하는지 알기 위해서라도 결과에 제시된 직업에 대해서 살펴보는 것이 좋겠습니다.

둘째로, 같은 직업군에 포함된 직업들은 비슷한 적성을 요구하기 때문입니다. 만약 검사 결과 IT 관련 공학 전문직이 추천되었다면, 시스템엔지니어도 잘할 가능성이 높고 웹프로그래머도 잘할 가능성이 높습니다. 비슷한 성격의 직업들이기 때문입니다.

평소 프로그래머에 관심이 있었다면, 이번 기회를 통해 같은 계열의 다른 직업에 대해서도 관심을 가져 보는 계기가 되기를 바랍니다. 만약 딱 한 가지 직업을 추천한다면 갖가지 변화에 대처하여 다른 직업을 생각해 보지 못할 위험성도 있습니다. 다양한 직업에 대해서 관심을 가져 보세요.

영역별 점수가 다 높아요. 전 어떤 직업을 택해야 하나요?

이런 경우를 생각해 봅시다.

신발을 사려고 백화점에 갔습니다. 그런데 생각보다 맘에 드는 신발이 너무 많은 겁니다. 그런 경우 어떻게 하나요? 내가 가진 돈으로 구입할 수 있는 신발은 한 켤레인데 고민이 되죠? 일단 나한테 필요한 신발이 무엇이냐를 정한 다음 디자인과 색상, 가격, 게다가 튼튼함 혹은 무게까지 요모조모 살펴야 하겠지요. 그런 여러 가지를 다 갖춘 신발을 고르기란 그리 쉬운 일이 아닐 겁니다. 당연히 시행착오도 있을 테고, 친구 말만 듣고 후회하는 경우도 있겠지요. 여러 가지 가능성을 놓고 하나를 선택한다는 것은 이렇게 어렵습니다. 더구나 그것이 내 직업과 연관이 된다면 더욱 어렵지요. 영역별 점수가 다 높다는 것은 긍정적으로 생각하면 무슨 일이든지 잘해 낼 능력이 된다는 말입니다. 그렇다면 내가 정말 하고 싶은 일이 무엇인가 생각한 후 가치관이나 근무 환경, 연봉, 안정성 등을 고려하되 대립되는 사항이 있을 경우는 어떤 기준을 더 중요하게 생각하는지 신중하게 생각하여 결정하시기 바랍니다.

점수가 거의 비슷비슷해요. 전 어떤 직업을 택해야 하나요?

점수가 비슷하다는 말은 결과지만 놓고 보면 어느 일을 해도 성공 가능성이 비슷하다는 말입니다. 달리 해석하면 다양성과 복잡성을 가지고 빠른 속도로 변화하는 직업의 세계에 쉽게 적응할 수 있다는 말도 됩니다.
이런 경우 내가 어디에 관심과 흥미가 더 있느냐를 알아보는 것이 필요합니다. 현실적인 여건도 직업 선택에 중요한 결정 요인이 되거든요.
가령 거주지역 같은 것은 직업을 정할 때 미처 생각하지 못하고 있다가 큰 변수로 작용하는 경우가 있습니다.
자신이 정말 하고 싶은 일이 무엇인가 생각한 후 연봉, 안정성, 신체적 조건, 장래성 등을 고려하되 그중에 어떤 기준이 내게 유익한지 진지하게 생각하여 결정하시기 바랍니다.

검사 결과에서 모든 영역이 낮게 나왔어요.

적성검사 결과에는 각 직업이 가지고 있는 직업의 특성이나 능력, 내가 가지고 있는 적성과 능력을 비교해 놓은 결과가 나타납니다. 검사 결과 항목이 높게 표시되었다고 해서 지금 그 능력을 완벽하게 갖추고 있다는 것을 의미하는 것도 아니며 낮게 나왔다고 해서 그 직업을 준비하기가 어렵다는 것을 의미하는 것도 아닙니다. 낮게 나타난 부분은 직업을 준비하는 데 필요한 능력들을 보완하고 개발 가능한 능력을 찾으라는 것입니다. 또 높게 나타난 부분은 이미 많은 가능성을 가지고 있으니 더 구체적으로 개발해 나가라는 의미가 들어 있습니다.
나의 흥미와 일치하고 관심이 가는 일이라면 당연히 필요한 능력을 보완해 가야겠지요. 관심 가는 직업, 하고 싶은 직업이 있다면 그 직업에 필요한 능력이 무엇인지를 확인해 보세요. 지금부터 꾸준히 보완해 나가야 한다면 구체적인 노력을 해 보세요.

적성과 흥미가 달라서
고민이에요

질문

제 꿈을 아직 못 정했는데요. 적성과 흥미 중에 뭘 선택해야 할지 정말 고민이 돼요.

저는 사람들을 만나면서 일하는 것을 너무 좋아해요. 그래서 심리치료사, 사회복지사, 유치원 선생님 이런 직업을 관심 있게 보고 있어요. 그런데 주변 사람들은 제 성격이나 행동이 되게 거칠고 화도 잘 내고 해서 저런 종류의 직업이랑은 어울리지가 않는대요.

제가 잘하는 것들은 토론하고 토의하고……, 어떤 생각의 흐름을 통해 결론을 추론하는 그런 거구요. 글 쓰는 일에 관해서 중학교 3년 내내 한 번도 거르지 않고 상을 탔습니다. 그렇지만 저는 정말로 저런 것들을 싫어해요. 책 읽는 일을 정말 싫어해서 이제까지 읽은 책들이 동화책까지 해서 10권도 안 될 정도거든요.

어떻게 해야 될까요? 제 적성과 흥미, 성격을 모두 살릴 직업이 있을까요? 적성과 흥미 중에 뭘 선택하는 게 더 좋을까요? (수지)

자신의 성향에 따라 선택이 달라질 수 있어요

자신의 적성과 흥미 등 진로 특성을 발견하기도 힘들겠지만 그 특성에 적합한 딱 하나의 직업을 결정하는 일은 정말 쉽지 않지요. 좋아하는 것과 잘하는 것이 일치한다면 참 좋을 텐데, 전혀 다르다 보니 어떤 기준으로 진로를 선택하는 것이 좋을지 정말 고민이 많을 거예요.

하지만 자신이 좋아하는 것과 잘하는 것이 무엇인지를 찾은 것만으로도 진로 선택을 위한 여정을 훌륭하게 시작한 것이라고 볼 수 있어요. 그러니까 마음에 좀 더 여유를 갖고 이제부터 자신에게 적합한 진로를 찾기 위한 방법을 하나하나 살펴보도록 해요.

❶ 개인의 성향에 따라 결정이 달라질 수 있어요.

적성과 흥미가 충돌할 때 어느 쪽을 따르는 편이 좋은지는 그 사람의 성향에 따라 달라질 수 있습니다. 즉, 적성이라 함은 잘할 가능성이 있는 일이고 흥미는 좋아하는 일이므로 만약 능력을 인정받는 것에 더 가치를 두는 사람이라면 적성을, 누가 알아주지 않아도 자신이 좋아하는 일에서 보람을 느끼는 사람이라면 흥미를 추구해야겠지요?

예를 들어 볼까요? 연기자 전원주 씨는 첫 직업이 국어 교사였습니다. 그런데 연기자가 되고 싶어 어느 날 교사직을 그만두고 연기자의 길로 접어들었습니다. 전원주 씨는 그 당시 분명 연기자로서의 능력보다는 교사로서의 능력을 더 가지고 있었지만 연기에 대한 흥미를 누를 길이 없어 직업을 바꾸는 큰 결심을 했을 거예요. 아마도 주변의 지인들은 '왜 안정적인 직업인 교사를 그만두느냐', '몇몇의 스타만이 주목받는 연예계에서 얼마나 오랫동안 살아남을 수 있겠느냐'라며 많은 반대를 했을 것입니다. 하지만 전원주 씨는 적성보다는 흥미를 선택했습니다. 연기자의 길은 험난했습니다. 처음에는 수많은 엑스트라 중의 한 사람에 불과했고, 나중에야 TV에 나오기 시작했지만 비중이 적은 가정부 등의 역할을 맡는 걸로 만족해야 했습니다. 하지만 전원주 씨는 자신의 꿈을 포기하지 않았습니다. 연기자라는 한 우물을 판 결과 뒤늦은 나이였지만 인기를 누리는 연기자의 대열에 우뚝 설 수 있었던 것이지요.

한편 영화 〈쉬리〉, 〈은행나무침대〉, 〈단적비연수〉, 〈자귀모〉 등의 영화에서 특수분장을 담당했던 특수분장사 윤예령 씨는 한때 영화에 흥미를 느껴 영화배우가 되었고 각고의 노력 끝에 주연까지 올랐습니다. 그런데 어느 날 자신이 영화배우로서 가진 능력에 대한 심각한 한계를 느꼈고 짧지 않은 방황 끝에 특수분장사라는 직업에서 자신의 남다른 재능을 발견합니다. 물론 특수분장사라는 직업이 전혀 알려지지도 않았던 당시에, 한때 영화에서 주연으로 활약했던 사람이 주인공을 꾸며 주는 분장사가 된다는 것이 결코 쉽지 않았을 것입니다. 주변의 반대도 만만치 않았을 거고요. 하지만 윤예령 씨는 지금도 자신이 가장 잘한 일 중 하나가 영화배우를 그만둔 것이라고 당당히 말합니다. 결국 윤예령 씨는 자신의 적성을 살리면서 '어떤 일이든지 내 마음에 들 때까지 해야 한다'는 성공의 비결을 더해 현재 우리나라 최고의 특수분장사가 되었습니다.

진로 선택에 있어 적성과 흥미 둘 중 더 중요한 것도 없고 따라서 반드시 어느 것 하나를 따라야 하는 것도 아닙니다. 이것은 선택의 문제이고 그 기준은 자신이 어떤 사람이냐 하는 것 즉 나의 성향에 달려 있습니다. 자신이 어떤 쪽을 더 추구하는 사람이냐에 따라 선택이 달라져야 하고, 그에 따른 선택을 했을 때 더 행복하고 성공적인 직업 생활을 할 수 있다는 것입니다. 수지 님의 성향을 스스로 신중하게 돌아보세요. 수지 님은 어느 쪽이세요?

❷ 자신의 적성과 흥미를 좀 더 객관적으로 파악하기 위해 진로심리검사를 활용해 보세요.

▶▶ 적성을 파악하기 위한 '직업적성검사'

커리어넷 직업적성검사는 손재능, 신체운동능력, 공간시각능력, 음악능력, 창의력, 언어능력, 수리논리력, 자기성찰능력, 대인관계능력, 자연친화력의 10개 하위 영역을 포함합니다. 10개의 하위 영역 중 높은 적성을 바탕으로 어울리는 직업을 추천하고 있습니다.

커리어넷 직업적성검사

• **경로** | 커리어넷(www.career.go.kr) ⋯➤ 진로심리검사 ⋯➤ 심리검사 ⋯➤ 중

고등학생용 심리검사 ⋯➤ 직업적성검사

• 커리어넷 직업적성검사 예시

굵은 글씨로 쓰인 것은 주요 능력을 나타내며, 각 능력별로 제시된 행동 예시들은 능력의
수준을 나타내고 있습니다. 행동 예시들을 잘 참고하여 자신이 해당하는 수준을 판단한
후에, 1부터 7 사이의 해당 번호 괄호 안에 예시와 같이 ✔ 표시하세요.

글 이해력

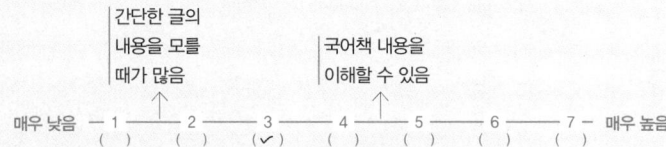

위의 예시 문제는 자신의 글에 대한 이해력 수준을 판단하는 문항입니다.
만약 자신의 글 이해력이 매우 낮다고 생각할 때는 1번에, 매우 높다고 생각할 때는 7번에
표시합니다.
간단한 글은 조금 이해하지만 국어책의 내용이 잘 이해가 안 된다면 낮은 쪽부터 높은 쪽
으로 2, 3, 4 중의 하나를 선택하면 됩니다.

• 커리어넷 직업적성검사의 하위 영역

손재능	손으로 정교한 작업을 할 수 있는 능력
신체·운동능력	기초 체력을 바탕으로 효율적으로 몸을 움직이고 동작을 학습할 수 있는 능력
공간·시각능력	머릿속으로 그림을 그리며 생각할 수 있는 능력
음악능력	노래 부르고, 악기를 연주하며, 감상할 수 있는 능력
창의력	새롭고 독특한 방식으로 문제를 해결하고, 아이디어를 내는 능력
언어능력	말과 글로써 자신의 생각과 감정을 표현하며, 다른 사람의 말과 글을 잘 이해할 수 있는 능력
수리·논리력	수리적으로 사고하여 문제를 해결하는 능력
자기성찰능력	자신의 생각과 감정을 알며, 자신을 돌아보고, 감정을 조절할 수 있는 능력
대인관계능력	다른 사람들과 더불어 살아가는 능력
자연친화력	인간과 자연이 서로 연관되어 있음을 이해하며, 자연에 대하여 관심을 가지고 탐구·보호할 수 있는 능력

▶▶ 흥미를 파악하기 위한 '직업흥미검사'

자세한 내용은 17~18쪽을 참고하세요.

▶▶ 적성, 흥미, 가치관을 파악하기 위한 종합직업심리검사 '아로플러스'

자세한 내용은 34~36쪽을 참고하세요.

▶▶ 검사가 끝나면 직업 세부 정보를 수집해 보세요.

위의 검사를 통해 제시된 직업 중 관심이 가는 직업을 몇 가지 추려 낸 다음 각 직업에 대한 보다 깊이 있는 정보를 수집하세요. 간단한 직업 정보만 알았을 때는 그 일이 나에게 맞을지 잘 알지 못하다가도 직업에 대해 좀 더 깊이 알아 나가다 보면 나에게 맞는 직업일지, 그렇지 않을지 보다 명확한 판단을 할 수 있게 된답니다. 하는 일, 적성과 흥미, 준비 방법(학력과 자격증), 보수, 전망 등을 살펴보면 여러 직업들 중 내가 더 좋아하고 잘할 수 있는 직업을 찾아 좁혀 나갈 수 있을 거예요.

여러 관심 직업들 중 자신에게 좀 더 적합한 것을 찾는 방법에 대해서는 31쪽을 참고하세요.

❸ 적성과 흥미를 모두 살릴 수 있는 직업으로 법조인을 추천합니다.

사람을 상대하는 일이면서 판단력(토론을 잘하니까요)과 글쓰기 능력을 활용할 수 있는 직업으로 법조인(판사, 변호사, 검사)은 어떨까요? 왜냐하면 지금 수지 님이 관심을 가지고 있는 사회복지사, 교사, 상담가는 사람을 상대하되, 판단력보다는 다른 사람을 도와주려는 마음이 더 앞서야 하고, 법조인은 사람의 일을 다룬다는 점에 있어서는 앞의 직업들과 유사하지만 공정하고 냉철한 판단력이 더 필요하기 때문이지요. 또한 판사가 판결문을, 변호사가 변론 글을, 검사가 공소문을 작성하려면 당연히 글쓰기 능력이 있어야 하고요. 고려해 보기 바랍니다. 이 직업들에 대한 자세한 정보가 궁금하다면 커리어넷(www.career.go.kr) 사이트의 직업 정보 메뉴를 적극 활용해 보세요.

끝으로 수지 님이 지금 적성과 흥미 사이에서 갈등하고 있지만 직업 선택에 있어서 고려해야 하는 요인은 이보다 훨씬 다양하다는 점을 꼭 기억하기 바랍니다. 예를 들어 보수, 전망, 부모님의 기대, 가정 형편, 신체적 조건, 성적 등이 있지요. 물론 이 모두를 만족시키는 직업을 찾기는 무척 어렵거나, 거의 불가능합니다. 따라서 모든 조건을 만족시키는 직업을 찾기보다는 여러 가지 요소 중 나에게 어떤 요소가 좀 더 의미를 갖는지 평가해 보고, 직업을 최종 선택할 때 충분히 반영하는 것이 바람직합니다.

변호사가 되고 싶어 하는 사람이 있습니다. 변호사가 되려면 무엇을 해야 할까요? 공부요? 물론 해야지요. 로스쿨(법조인을 양성하는 법학전문대학원)에도 가야 하고, 시험에도 합격해야 합니다. 하지만 그 전에 직업의 분류 기준 세 가지에 대해 생각을 해 보는 것이 필요합니다. 즉, 돈이 우선인가 아니면 시간이 우선인가, 혼자 일할 때 빛나는 사람인가 아니면 여럿이 일할 때 빛나는 사람인가, 안정적인 직업을 선택할 것인가 아니면 모험적인 일을 선택할 것인가 등의 기준을 변호사의 일에 적용해 보고 구체적인 모습을 그려 봐야 합니다.

'로펌(전문 변호사들로 구성된 법률 회사)에 들어가 회사 생활을 하는 변호사가 될 것인가, 혼자 독립하여 변호사 사무실을 운영할 것인가?'

'개인 시간을 많이 누리는 변호사가 될 것인가, 돈을 많이 버는 변호사가 될 것인가?'

'변호사는 전통적 직업에 속하므로 안정적이라고 할 수 있는데, 모험보다 안정을 택하는 것이 과연 내 적성에 맞는가?'

하나씩 선택을 해 나가다 보면 구체적인 모습이 드러납니다.

우선 자신이 안정보다는 모험을 더 좋아한다면 인권변호사가 되어 가난한 사람, 사회적 약자를 변호하는 길을 택할 수도 있습니다. 모험보다는 안정을, 시간보다는 돈을, 혼자보다는 조직 생활을 바라는 지망생에게는 대형 로펌에 들어가서 밤낮을 가리지 않고 열심히 일하는 변호사의 모습이 그려집니다. 조직 생활에 맞는다면 로펌에 들어가기 전에 검사나 판사를 하는 것도 좋을 것입니다. 그렇다면 선택지는 이렇게 됩니다.

❶ 로스쿨 → 판사 혹은 검사 ❷ 로스쿨 → 대형 로펌의 변호사

대형로펌의 변호사는 대개 무척 바빠서, 여가시간보다는 돈을 우선시한다고 보입니다. 변호사를 원하되 홀로 하는 것이 더 좋은 사람에게는 로스쿨 이후에 개업 변호사가 되는 길이 기다리고 있을 것입니다. 개업 변호사가 된 다음에는 돈을 택하느냐 시간을 택하느냐에 따라 일과가 매우 다릅니다.

❹ 로스쿨 → 개업 변호사 → 돈 위주의 일과
❺ 로스쿨 → 개업 변호사 → 시간 위주의 일과

변호사라 하더라도 다 같은 삶을 사는 것이 아니라 이처럼 저마다 다르게 살아 갑니다. 어떤 선택을 하느냐는 같은 직업인이라고 하더라도 자신이 원하는 가치에 따라 달라지게 됩니다.

(탁석산, 『준비가 알차면 직업이 즐겁다』, 창비, 2009)

2장 직업이해

꿈을
위한 집

기상연구원에 대한 자세한 정보가 궁금합니다

- **tip_**직업 정보 정리표

휴대폰 기획자는 경영 쪽인가요, 공학 쪽인가요?

사회복지사의 전망을 알고 싶어요

- **tip_**똑똑한 대입 정보

제가 좋아하는 과목으로 선택할 수 있는 직업을 알고 싶어요

- **tip_**학업 성적과 진로와의 관계

다큐멘터리 프로듀서가 되고 싶어요

- **tip_**다큐 PD와 관련된 책들 | 현직 PD에게 듣는 PD 이야기

'불꽃놀이 전문가'라는 이색 직업에 대해 알고 싶습니다

- **tip_**이색 · 신생 직업 목록에서 내 꿈 찾기 | 푸른 청소년 정인이와 영훈이의 도전

동물 관련 학과가 있는 대학교를 알고 싶어요

- **tip_**학과 정보 동영상으로 알아보기

중학생인데요, 고등학교에 대한 정보를 알고 싶어요

- **tip_**전문 직업 교육을 위한 마이스터고등학교 | 흥미와 소질을 키우는 중점학교

대학교에 대한 정보와 선택 방법을 알고 싶어요

- **tip_**학교를 결정하기 위한 '의사결정 비교표' 작성하기

기상연구원에 대한
자세한 정보가 궁금합니다

질문

기상연구원이 장래희망인데요, 기상연구원이라는 직업에 대해 궁금한 게 있습니다.

(1) 기상연구원이 출근해서 퇴근할 때까지 하는 일

(2) 기상연구원의 근무일

(3) 기상연구원의 월급(연봉)

(2)번에 대해선, 365일 24시간 동안 각 부서가 돌아가면서 업무를 맡는 걸로 알고 있는데 맞는지, 맞다면 구체적으로 어떻게 일하는지 알고 싶습니다.

그리고 기상연구원이 되려면 석박사 과정을 이수하고, 기상기사, 기상예보기술사 등의 자격증을 따면 좋다는데 맞나요? (까치소년)

안녕하세요, 까치소년 님.

기상연구원에 대한 자세한 정보가 궁금하여 상담을 청했군요.

많은 친구들이 직업을 선택할 때 직업에 대한 막연한 정보나 생각만
을 가지고 결정하는데 이렇게 자세하고 정확한 정보를 바탕으로 미래
를 설계하고자 하는 까치소년 님의 자세가 참 성숙하고 듬직하게 느껴
지네요.

직업 정보를 파악하는 방법은 크게 세 가지 정도로 정리할 수 있습니다.

첫째, 직업 정보 관련 인터넷 사이트를 통한 정보 수집입니다.

대표적인 사이트가 커리어넷과 워크넷인데 이곳에서는 하는 일, 적
성과 흥미, 준비 방법(학력과 자격증), 관련 학과, 연봉과 전망 등이 소개
됩니다. 전반적인 직업 정보 수집에 있어 가장 일반적으로 활용하는 방
법입니다.

둘째, 직업과 관련하여 제작된 동영상을 활용하는 것입니다.

이것은 다시 직업 동영상과 직업인 인터뷰 동영상 자료로 나눕니다.
직업 동영상은 문자로 된 정보에서 확인하기 어려운 생생한 직업 현장
과 직업인의 모습을 살펴볼 수 있는 장점이 있지요. 단, 모든 직업에 대

한 동영상을 찾아보기는 어렵기 때문에 이 방법이 제한적이기는 합니다. 직업인 인터뷰 동영상은 직업인이 어떤 이유로 그 직업을 선택하게 되었는지, 직업인으로서 보람은 무엇인지, 직업인으로서 가장 힘든 점은 무엇인지 등 보다 구체적인 정보 수집을 하는 데 있어 많은 도움이 되는 방법입니다. (24~25쪽 자료 참고)

셋째, 직업 현장을 방문하는 것과 직업인 인터뷰를 하는 방법이 있습니다.

직업 현장에 가서 자신의 눈으로 근무 환경과 직업인의 업무 수행 모습을 관찰할 수 있고 더 궁금한 것은 직업인과의 인터뷰를 통해 해소함으로써 가장 실제적으로 직업 정보를 수집하는 방법이라고 할 수 있겠지요. 물론 모든 직업 현장이 공개되거나 원하는 직업인을 주변에서 항상 찾아볼 수 있는 것은 아니기 때문에 한계가 많은 방법이기는 합니다. 만약 관심 있는 직업의 직업인을 주변에서 만나기 힘들다면 직업 관련기관의 직업 체험 프로그램이나 직업인과의 전화 인터뷰를 통해 정보 수집을 할 수도 있지요.(26~29쪽 자료 참고)

다음은 위에서 언급한 직업 정보 관련 대표적 사이트인 커리어넷과 워크넷의 특징을 정리한 것입니다. 참고하세요.

그럼 위의 방법을 통해 기상연구원에 대한 정보 수집을 해 보도록 할

기관	사이트 주소 및 연락처			사이트의 특징
커리어넷	• www.career.go.kr • 교육과학기술부 한국직업능력개발원 • 02-3485-5000/5100	미래의 직업 세계	직업 정보	직업명, 하는 일, 준비 방법, 취업 현황, 직업 전망 등
			학과 정보	고등학교/대학교 학과 소개, 개설대학, 취업률 등
			학교 정보	학교 유형별 전국 초·중·고등학교, 대학교 특수/각종학교, 대안학교 현황 등
			직업인 인터뷰	사회 각 분야에서 주도적인 역할을 하고 있는 직업인, 창의적 기업가 인터뷰 등
워크넷	• www.work.go.kr • 고용노동부 한국고용정보원 • 02-2629-7000	직업· 진로 ⋮ 직업 정보 검색	키워드로 찾기	주요 단어를 통해 직업을 검색
			조건으로 찾기	임금/전망 조건으로 직업을 검색
			나의 특성 으로 직업 찾기	지식, 업무수행능력 등을 기준으로 직업을 검색
			분류별 검색	직업군에 따른 직업을 소개

직업 정보를 정리할 때 다음 표를 활용하는 것도 좋습니다.

직업명		
하는 일		
준비 방법		
관련 학과		
필요한 적성과 흥미		
전망		
연봉		
정보 탐색 후 소감		

까요? 좀 복잡하지만 자세한 정보가 도움이 될 것 같아 안내하니 꼼꼼히 읽어 보세요.

첫째, 인터넷 사이트를 활용해 정보를 수집하는 방법으로 워크넷 사이트의 기상연구원에 대한 직업 정보를 알려 드리면 다음과 같습니다.

하는 일, 준비 방법, 월급 정보를 안내해 드리니, 더 자세한 내용은 워크넷이나 커리어넷 사이트를 통해 직접 검색하여 알아보기 바랍니다.

▶▶ 하는 일

- 기상연구원은 기류의 방향, 속도, 기압, 온도, 습도 등 각종 기상 관측 자료를 분석하며 보다 정확하게 일기예보를 할 수 있는 방법을 연구 · 개발한다.
- 기류의 방향, 속도, 기압, 온도, 습도 및 기타 현상을 조사, 탐구하여 대기의 성분, 구조 및 유동에 관하여 연구한다.
- 대기, 기후, 해양 기상 및 지진 특성을 조사하고 분석하며 보다 정확한 일기예보 기법을 개발하기 위한 연구를 수행한다.
- 대기 중의 고체 및 액체 입자의 성질과 특성, 구름의 형성 과정과 강우 및 전기 방전과 같은 현상을 연구한다.
- 대기 상황에 관한 자료를 분석하고 기상도를 작성하며, 장 · 단기 기상 예보를 위하여 관측된 자료를 해석한다.
- 환경, 수문, 농업, 생물 기상, 기후 변화 등 응용 기상에 대해 연구하

며 사람들에게 보다 정확한 기상 정보를 제공할 수 있는 기후 예측 시스템을 구축한다.

- 기상 관측 기기의 정밀도 향상 등 기상 계측 기술 개발에 대한 연구를 한다.

▶▶ 준비 방법

천문 및 기상학연구원이 되기 위해서는 천문, 기상학과에 진학하여 석사 학위 이상의 학력을 소지해야 한다. 자연과학 분야의 학과는 개별 학과보다 학부 단위로 학생을 선발하는 경우가 많아 대학 진학 후 자신의 적성에 맞는 학과를 선택할 수 있다. 석사 과정에 진학하면 자신의 전공에 대한 보다 전문적인 지식을 쌓을 수 있다. 특히 채용 시 박사 학위 이상으로 지원자를 제한하는 경우도 많아 박사 또는 박사 후 과정(Post Doctor)의 교육을 지속적으로 받을 것을 염두에 두어야 한다. 그리고 연구원이 되기 위해서는 무엇보다 관련 분야의 연구 경험이 중요하기 때문에 석사 과정 중 학내외에서 수행하는 다양한 연구 프로젝트에 참여해 보는 것이 필요하다. 또한 연구원에서 연구보조원(RA)으로 근무하거나 학생을 대상으로 하는 연수생 프로그램에 참여하면 입직 시 유리하다. 정부출연연구소 의 정규직 연구원의 경우 보통 1년간 결원 인원과 수요 인원을 확인하여 연초나 연말에 공개 채용을 하며, 비정규직 연구원의 경우 결원 시 수시로 채용을 하기도 한다. 채용 시 전공과 연구경

•••••

† 국가로부터 지원금을 받는 정부 산하의 연구소. 국민의 직업능력과 관련된 기관으로는 '한국직업능력개발원'이 있다.

력이 주된 평가 요소가 되며 보통 석사학위자는 서류심사와 전공 필기 시험, 면접, 박사학위자는 서류 심사와 논문, 실적 발표, 면접 등의 과정을 거치게 된다. 일반 기업은 기업의 홈페이지나 신문 등에 관련 분야별로 채용 공고를 낸다. 특히 과학기술 분야의 인력이 전반적으로 고학력화되면서 박사 중심으로 채용이 이루어지고 있다.

▶▶ 월급

기상연구원이 포함된 자연과학 연구원의 월평균 수입은 2012년 자료를 기준으로 362만 원이다. 이것은 평균 연봉이기 때문에 경력이나 실적 등 개인차에 따라 급여가 달라질 수 있다.

두 번째로는 동영상을 활용한 직업 정보 수집입니다.

커리어넷의 '미래의 직업 세계' 메뉴에서 직업명 검색을 통해 기상연구원을 검색하면 필요한 적성과 흥미, 연봉, 전망 등의 정보와 함께 화면 하단에 'e−진로채널'이 제공됩니다. 워크넷 사이트 직업 · 취업 · 학과 동영상 코너의 '교육 및 자연과학 · 사회과학 연구 관련직'에 '기상학자' 관련 동영상이 제공되니 역시 시청해 보기 바랍니다.

세 번째로 직업 현장을 방문하는 것과 직업인 인터뷰가 있습니다.

특정 직업인의 하루와 같은 상세한 정보는 그 분야에서 일하고 있는 분을 통해 알아보는 것이 좋으니, 기상연구원 관련 기관인 국립기상연구소의 홈페이지 정보를 확인한 후 궁금한 것을 직접 문의해 보기 바랍

니다. (국립기상연구소, www.nimr.go.kr, 02-6712-0213)

위 사이트의 홍보마당 …› 홍보책자에 가면 국립기상연구소 홍보책자가 소개되어 있네요. 그리고 알림마당 …› 채용공고 코너에 가면 기후연구과 채용공고와 예보연구과 채용공고가 제공되고 있으니 여기서 업무 내용, 지원 자격, 제출 서류, 전형 방법을 살펴보는 것도 준비 방법을 구체적으로 알 수 있어 많은 도움이 될 거예요.

인터뷰를 할 때는 미리 질문할 것을 목록으로 정리한다면 더 효율적인 정보 수집을 할 수 있습니다. 인터뷰하고 싶은 직업인에게 깍듯하게 예의를 갖춰 허락을 미리 구한다면 더욱 친절한 협조를 받을 수가 있겠지요? 인터뷰 요령 및 질문 목록에 대해서는 26~29쪽을 참고하세요.

아울러 한 가지 더 조언을 드리자면 지금 까치소년 님이 기상연구원이라는 꿈을 꾸고 있지만 진정한 꿈은 가까운 미래의 꿈을 이룬 후에 무엇을 하겠다는 것까지 있을 때 완성됩니다. 만약에 당신의 꿈이 백만장자라면 백만장자가 된 다음에 무엇을 하겠다는 꿈이 있어야 한다는 말입니다. 행여나 '돈을 많이 벌어서 나 혼자 편하게 잘 먹고 잘살겠다'는 것이라면 진정한 의미의 꿈, '꿈 너머의 꿈'은 없는 것입니다. '꿈 너머의 꿈'은 꿈을 이룬 다음에 무엇을 할 것인가, 그 꿈의 방향이 자기 자신에게만 머물지 않고 내가 아닌 다른 사람을 위해 무엇을 할 것인가, 즉 이타적인 방향으로 향해 있어야 합니다. 이러한 '꿈 너머의 꿈'을 가질 때 가까운 꿈을 좀 더 생생하게 그릴 수 있고 그 꿈을 이루고 싶은 간절한 마음도 그만큼 커질 수 있어 꿈을 실현하는 원동력이 될 수 있습니다. 까치소년 님은 기상연구원이 된 다음에 다른 사람을 위해 어떤 구체적인 일을 하고 싶습니까? 까치소년 님만의 '꿈 너머의 꿈'을 그려 보세요.

끝으로 "꿈은 꾸어 오는 것이다. 오늘 우리에게 없는 것을 꾸어 오는 것이다. 당신은 어디로부터 꿈을 꾸어 오는가"라는 신영복 교수님의 말을 들려 드립니다.

휴대폰 기획자는 경영 쪽인가요,
공학 쪽인가요?

제품기획자 중에서도 휴대폰을 기획하는 일을 하고 싶은데
요.

기획이니까 당연히 경영학과겠지 하고 문과에 갔는데 갤럭시S를 기획
하신 기획자 두 분 다 공대 출신이시더군요……. 인터뷰에서 봤습니다.

제가 문과를 갈지 이과를 갈지 정할 때 담임선생님이 넌 성적이 어정
쩡해서 문과에선 대학 가기 힘들다고 계속 이과로 가라고 하셨어요. 아
는 형들도 모두 이과 가라고 하지만 저는 이 일이 하고 싶어서 문과로
정한건데 말이죠.

정확한 건 아닌데 찾아보니깐 지원 자격이 경영학과나 공대 졸업
자더군요. 근데 경영학과를 가는 것보다 공대를 가는 게 더 쉽잖아
요……. 그래서 이과로 바꿀까를 고민하고 있습니다.

제가 과탐은 싫어하지만 수학을 좋아해서(성적이 좋진 않습니다) 이
일만 할 수 있다면 바꿔도 크게 아쉽지 않습니다. 아직 1학년이어서 지

금 바꾸면 피해도 적구요…… 근데 또 제가 과학이나 공학 쪽에는 관심이 별로 없어서요…….

그러니까 제가 궁금한 건, 공대에 가도 이 일을 할 수 있는지, 할 수 있다면 문과에서 이과로 바꿔야 하는지 말아야 하는지, 또 이 일을 하려면 공대 중에서도 어떤 학과에 들어가야 하는지, 이 세 가지입니다. 도와주세요……. (성수)

답변

컴퓨터, 전기, 전산 등 공대 계열을 전공하는 것이 좋다고 합니다

안녕하세요, 성수 님.

휴대폰 기획자가 되기 위한 자세한 준비 방법이 궁금하여 상담을 청했군요. 구체적인 직업을 목표로 계열을 선택했는데, 이렇게 전혀 다른 얘기를 듣게 되었으니 정말 황당하고 고민스럽겠어요.

하지만 선생님은 성수 님을 보고 정말 꿈이 구체적인 학생이라고 생각했습니다. 많은 학생들이 계열을 선택할 때 명확한 직업 목표를 중심으로 하기보다는 문과 계열의 성적이 높은지 아니면 이과 계열의 성적이 높은지 등을 위주로 결정을 하거든요. 물론 지금은 계열 변경에 대한 고민에 빠졌지만, 좀 더 정확하고 자세한 정보를 바탕으로 계열 및 학과 등 의사결정을 하고자 하는 성수 님이 참 의젓하게 느껴져요.

그럼 다시 성수 님의 고민으로 돌아가서 왜 이런 결과가 나왔을까 한

번 생각해 볼까요? 무엇보다도 정확한 정보 수집이 부족했기 때문입니다. 합리적인 진로 선택의 기본은 충분하고 풍부한 정보입니다. 그렇다면 다시는 이러한 실수를 반복하지 않기 위해서 이번에는 정확한 정보 수집을 해야겠지요?

성수 님이 찾아본 것처럼 제품기획자(또는 상품기획자)는 일반적으로 시장 동향을 파악하여 신발, 의류, 용품(액세서리) 등의 상품을 기획하는 사람으로서 경영학과, 경제학과, 무역·유통학과 등의 학과를 졸업하면 제품기획자로 일하기 쉽습니다.

휴대폰 기획자는 제품기획자의 한 사람으로서 아직 일반화된 직업이 아니지만 자세한 정보를 커리어넷 사이트의 분야별 직업의 세계에서 찾아볼 수 있습니다. 분야별 직업의 세계에는 직업 하나하나를 개별적으로 다루는 것이 아니라 특정 분야의 직업 세계에서 어떤 직업인들이 함께 일하고 있는지 각각의 직업인들은 어떤 일을 하고 어떤 자격요건을 갖춰야 하는지 상세하게 소개됩니다. 자, 그럼 전자산업의 세계에서 휴대폰 기획자에 대한 상세 정보를 찾아보도록 할까요?

커리어넷(www.caeer.go.kr) ┉▶ 미래의 직업 세계 ┉▶ 분야별 직업 정보 메뉴에 가면 다음과 같은 화면이 제시됩니다.

전자산업 이외에 다른 산업 쪽에 대한 궁금한 점이 있다면 활용해 보기 바랍니다.

먼저 전자산업 전체에 대한 정보를 제공한 후 반도체 제조업, 휴대

녹색직업의 세계 >
녹색직업의 특성, 녹색성장이 직업 세계에 미치는 영향, 그리고 녹색직업을 소개합니다.

생명공학산업 직업의 세계 >
생명공학의 특징과 미래, 그리고 관련 직업 정보를 제공합니다.

보건의료산업 직업의 세계 >
보건의료산업의 특징과 최근 동향, 그리고 관련 직업 정보를 제공합니다.

전자산업 직업의 세계 >
전자산업의 특징과 관련 산업에 대한 소개, 그리고 직업 정보를 제공합니다.

환경산업 직업의 세계 >
환경과 관련한 다양한 직업 정보를 제공합니다.

문화산업 직업의 세계 >
문화 관련 산업의 소개와 산업 내 다양한 직업 정보를 제공합니다.

폰 제조업, 전자의료기기 제조업 등으로 나눠 상세 정보를 제시하고 있네요.

이 중에서 휴대폰 기획자는 전자산업의 세계에서 활약하고 있겠지요? 전자산업 직업의 세계를 선택해 볼까요? 해당 페이지에서는 그럼 어떤 정보들이 담겨 있는지 알아보겠습니다. 전자산업 ⋯▸ 직업안내 ⋯▸ 휴대폰 관련 직업 순으로 클릭하면 해당 내용을 볼 수 있어요.

휴대폰 산업은 기획, R/D 개발, 조립으로 크게 나누어지고 그중 기획 파트에 성수 님이 원하는 휴대폰상품기획자가 나와 있네요. 그럼 휴대폰상품기획자에 대해 좀 더 자세히 알아보도록 하죠.

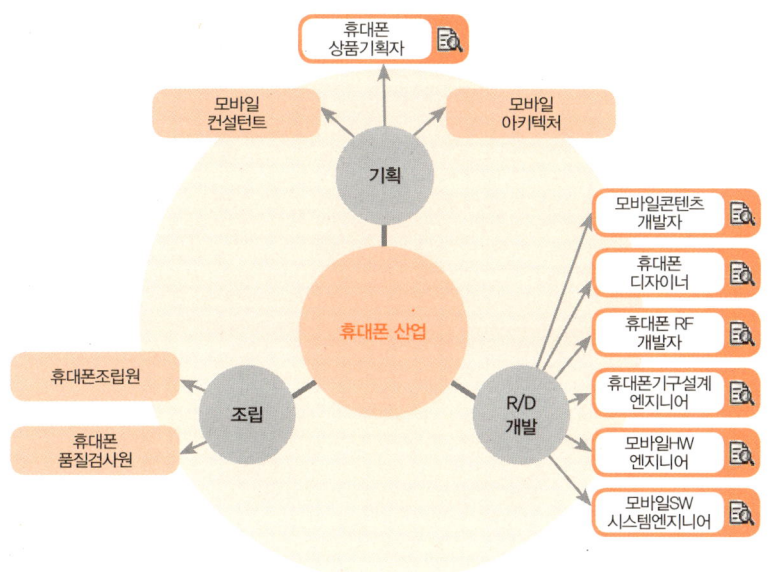

▶▶ 직업 개요

새로운 휴대폰 상품의 개념을 잡고 개발 일정을 계획하고 프로젝트를
관리하며 새로운 제품에 들어갈 부품이나 융합해야 하는 기술을 구매
혹은 외주 계약하는 사람

▶▶ 수행 직무

· 시장조사, 기술 동향 분석, 유행 스타일 분석, 경쟁사 분석, 고객 요구
  사항 분석
· 제품의 디자인 및 기술 콘셉트 잡기
· 개발 일정 및 프로젝트 계획 · 관리

▶▶ 자격요건

· 입직 학력은 4년제 대졸 이상

· 산업공학, 전자공학, 전기공학 등의 공학 계열과 경영학 등 상경 계열
전공자이거나 디자인 실무 혹은 제품의 하드웨어 개발을 경험한 관리자

· 마케팅론, 전자회로구조, 통계방법론, 소비자행동론, 커뮤니케이션방
법론, 캐드, 디자인 등의 교육 과정 이수

· 국제프로젝트관리사 자격증이 유용하며 그 외 관련 자격증으로는 국
내 민간 프로젝트관리사, 정보처리기사, 정보활용능력 등이 있음.

▶▶ 작업조건

· 평균 연봉 : 5,550만 원

· 주 5일 근무이나 프로젝트가 있으면 주말에도 근무를 하며 하루 평균
12시간 근무

· 다품종 소량 생산으로 바뀌면서 기획해야 할 종류가 늘어나 업무 강
도는 높은 편이며, 여러 관련 부서 · 협력업체와 함께 일하기 때문에
야근하는 경우가 많음.

▶▶ 요구되는 능력

1위-문제해결능력, 2위-협업능력, 3위-창의적사고능력,

4위-외국어활용능력, 5위-문서작성능력

▶▶ 요구되는 태도

1위-적극성, 2위-책임감, 3위-개방적 태도

위의 정보를 통해 보면 관련 학과는 공학 계열과 상경 계열 모두 해당되네요. 이러한 경우 관련 기업체를 통한 문의를 하는 것이 보다 실제적인 정보를 수집할 수 있는 방법입니다.

그래서 갤럭시 핸드폰을 만드는 S전자 채용 부서에 휴대폰 기획자의 채용에 관한 문의를 해 보았습니다. 문의한 결과 입사 지원을 위해서는 컴퓨터, 전기, 전산 등 공학 계열의 학과를 나오고(복수 전공도 가능) 대학에서 수강한 과목의 60퍼센트 이상이 소프트웨어 개발 관련 과목일 경우 입사 지원이 가능하다고 합니다. (물론 다른 휴대폰 회사의 경우 약간의 차이가 있을 수 있다는 점을 고려하기 바랍니다.)

따라서 휴대폰 기획자가 되기 위해서는 공학을 전공하는 것을 권하며, 계열은 이과로 변경하는 것이 좋을 것 같습니다. 왜냐하면 성수 님의 경우 수학을 좋아하고, 또한 문과에서 이과로 교차지원을 할 수도 있지만 대학 선택의 폭이 좁아지고, 수리—가형, 과탐 과목에 주는 가산점을 받을 수 없기 때문에 불리할 수 있습니다. 여기서 교차지원에 대한 내용을 좀 더 자세히 알아보도록 할게요.

자신이 공부한 계열과는 다른 계열의 모집단위로 지원하는 것을 교차지원이라 합니다. 즉 이과생이 문과로, 문과생이 이과로 지원하는 것을 말하지요. 그런데 무턱대고 교차지원하는 것은 피해야 합니다. 많은 대학들이 교차지원을 허용하고 있지만, 그렇다고 신중하게 생각하지 않고 계열을 바꿔 지원하는 경우 다음과 같은 어려움을 경험할 수 있기 때문이지요.

대학 입학 전형에서 계열을 달리하게 되면 학생부 반영 교과가 달라지므로 반영 교과 성적에 따른 유·불리를 따져야 합니다. 인문계열에서는 국·영·수·사, 자연계열에서는 국·영·수·과 교과를 많이 반영하므로 해당 계열로 교차지원할 때는 반드시 반영 교과에 맞춰 성적을 산출해 봐야 합니다. 반면 대학에 따라서 어떤 계열로 지원하든 국, 영, 수 교과를 필수 반영하고 거기에 사회·과학 교과 중 이수단위 합이 많은 과목을 선택해 반영하기도 합니다. 즉, 일주일 동안 더 자주 진행된 수업 교과목을 반영한다는 얘기이지요. 문과에서는 사회과 수업이, 이과에서는 과학 교과 수업이 더 많겠지요? 인문계열 학생이라면 자연계열로 교차지원을 할 때 사회교과가 반영될 수 있으므로 자신이 지원하는 학교가 학생부를 어떻게 반영하는지를 꼼꼼히 따져 보는 것이 좋습니다.

진로와 상관없이 성적 때문에 교차를 하는 경우라면 학과의 특성을 반드시 확인하고 지원해야 합니다. 인문계열 학생 수가 자연계열 학생 수보다 많아 대학의 인문계열 합격 성적이 더 높습니다. 이렇다 보니 인문계열 학생들의 경우 커트라인이 좀 더 높은 대학으로 진학하기 위해 자연계열로 교차지원하는 경우가 많습니다. 하지만 입학 후 수학과 과학을 위주로 짜인 교육 과정에서 공부해야 하기 때문에 대학교 수업을 제대로 이해하지 못해 어려움을 호소하는 학생들이 많습니다. 따라서 대학 합격만을 생각하고 학과를 선택하는 일은 피하는 것이 좋습니다.

성수 님이 휴대폰 기획자가 되기 위해서는 컴퓨터, 전기, 전산 등과 관련된 학과로 진학하는 것이 유리하다고 합니다.

커리어넷 사이트의 미래의 직업 세계 ⋯▸ 학과 정보, 학교 정보 메뉴를 활용하여 위 학과에 대한 정보와 학과가 개설되어 있는 대학 목록을 살펴보기 바랍니다.

끝으로 전자산업 분야에 대한 끊임없는 관심과 정보 수집을 당부하고 싶네요.

1년 6개월마다 TR 집적도[†]가 두 배 증가한다는 무어의 법칙이라는 것이 있지요. 이 법칙으로 인텔은 세계 CPU[††] 시장을 석권할 수 있었습니다. 반도체는 시간이 지나면서 가격은 떨어지고 속도는 증가하며 크기가 작아지는데 시기에 따른 그 규칙을 산정한 셈입니다. 어느 시기에 몇 개의 트랜지스터를 탑재한 집적회로가 필요한지 정확하게 예측할 수 있었지요.

•••••

[†] 한 변이 수 밀리미터(mm)인 실리콘 따위의 칩(chip)에 트랜지스터나 다이오드 등의 다기능 디지털 소자가 몇 개 있는지 나타내는 정도

[††] 중앙 처리 장치(central processing unit)

인텔에 무어의 법칙이 있다면 우리나라에는 황의 법칙이 있습니다. 1년 6개월도 아닌 1년에 TR 집적도가 두 배 증가한다는 것이 황의 법칙입니다. 이전보다 개선된 제품이 1년마다 나올 수 있다는 의미이겠지요.

직업의 세계는 세상의 변화를 가장 빨리 받아들이는 곳입니다. 따라서 전자산업의 발달에 따라 그 속에서 일하는 직업인들의 직업이 없어지기도, 새로운 직업이 만들어지기도 할 것입니다. 또한 직업인들에게 필요한 지식의 양과 질이 바뀔 수도 있습니다.

가장 강한 자는 물리적으로 힘센 자가 아니라 변화에 적응을 잘하는 사람이라는 말이 있습니다. 그 말처럼 관심 영역과 세상의 변화에 대한 지속적인 관심을 통해 원하는 분야에서 강자로 우뚝 서기 바랍니다.

성수 님은 이번 기회에 후회 없는 진로 의사결정을 위해 정확한 정보 수집이 얼마나 중요한지 배웠습니다. 정확한 정보 없이 자신의 생각을 위주로 막연하게 선택할 때 치명적인 결과가 올 수 있다는 사실을 잊지 마세요. 앞으로 수많은 진로 의사결정을 하게 될 텐데 앞으로도 이번에 학습한 것을 적극 활용하여 현명하고 후회 없는 결정을 하기 바랍니다.

사회복지사의
전망을 알고 싶어요

질문

저는 평범한 고등학생입니다.

제가 생각하고 있는 직업은 사회복지사입니다. 공부를 잘하는 편은 아니지만 적성과 흥미에는 잘 맞는 것 같아요. 그런데 사회복지사가 되기 위해 어떻게 해야 할지 아직 모르겠어요. 그래서 사회복지사에 대해서 조금 더 자세하게 알고자 이렇게 상담 신청을 합니다.

특히 요즘 취업이 정말 어렵다고 하니까 전망이 어떨지가 많이 걱정입니다. 사회복지사의 향후 전망에 대해서 알려 주시면 감사하겠습니다.

사회복지사가 되려면 수능 등급이 몇 점 이상 되어야 하는지와 사회복지학과가 유명하다고 알려진 대학교에 대해서도 설명해 주세요.
(다정)

향후 10년간 사회복지사의 고용은 증가할 것으로 전망됩니다

안녕하세요, 다정 님.

사회복지사에 대한 직업 전망 등 자세한 정보가 궁금하여 상담을 청했군요.

커리어넷 사이트(www.career.go.kr) 직업 정보 메뉴를 통해 알아보면 다음과 같습니다.

❶ 사회복지사 준비 방법

▶▶ 정규 교육과정

- 사회복지사가 되기 위해서는 전문대학, 대학교, 대학원 등에서 사회복지학, 사회사업 등 관련 학과를 전공하면 유리하다.
- 관련 학과에서는 사회복지개론, 사회복지실천 방법론, 노인복지론, 아동복지론, 장애인복지론, 가족복지론 등의 과목이 포함되며 학기 중이나 방학 중에 사회복지 현장실습도 하게 된다.

▶▶ 관련 자격증

- 관련 자격증으로는 사회복지사(1, 2, 3급)가 있다.

❷ 전망

삶의 질이 향상되면서 사회복지에 대한 관심과 기대가 높아지고 있고 이에 대한 정부의 투자도 확대될 것이라 예상된다. 특히 빠르게 고령화가 진행됨에 따라 발생하는 노인문제로 실버산업, 노인케어 재활교육 및 관련 분야 기관이나 시설에서의 수요가 증가하리라 예측된다. 또한 청소년 문제나 장애 인구의 증가 등으로 학교나 병원, 교정소 등 다양한 사회 분야에서 사회복지사가 필요할 것으로 보인다.

많은 친구들이 직업을 선택할 때 연봉과 전망 같은 외적 조건을 앞세우는데 이렇게 적성과 흥미를 중심으로 직업을 선택하고자 하는 다정 님이 참 듬직하게 느껴집니다. 또한 그 꿈을 이루기 위해 자세한 정보를 수집하는 자세 역시 정말 칭찬해 주고 싶네요.

그런데 여기서 한 가지 알려 드리고 싶은 것은 직업 전망이 갖는 한계성입니다. 구조 조정의 회오리 바람, 갈수록 심해지는 취업난 등으로 직업의 안정성이 흔들리다 보니 많은 학생들이 요즘 전망 좋은 직업에 매달리고 있습니다. 물론 직업 선택에 있어 고려해야 하는 여러 조건 중 하나가 전망이지만, 그것만을 가지고 직업을 선택한다면 생각하지 않은 큰 장벽을 만날 수도 있다는 점을 염두해야 합니다.

예를 하나 들어 볼까요? 몇 년 전까지만 해도 홈페이지를 디자인해 주는 웹디자이너라는 직업이 유망 직업 순위에서 빠지지 않았습니다. 실제로 이 기술을 가진 사람이 희귀했을 때는 홈페이지 하나를 만드는

데 백만 원을 받을 정도로 호사를 누렸지요. 이에 사람들은 너도나도 웹디자이너의 전망에 매달려 자격증을 딴 후 이 분야로 몰려들었습니다. 결국 홈페이지를 하나 만들어 주고 받는 단가는 점점 내려갔고, 심지어 홈페이지를 스스로 만들 수 있는 프로그램이 출시되자 웹디자이너를 찾는 사람은 더 줄어들 수밖에 없었습니다.

직업 시장에도 수요와 공급의 법칙이 적용됩니다. 즉, 많은 사람들이 원하는 직업인데(수요 증가) 정작 자격을 갖춘 직업인이 드물다면(공급 부족) 그 직업인의 보수와 지위는 올라갈 수 밖에 없습니다. 반대로 자격을 갖춘 사람이 그 분야에 많이 진출했는데(공급 과잉), 정작 사람들이 그 일을 원하는 정도가 줄어든다면(수요 감소) 그 직업인의 수입은 줄어들 수밖에 없습니다. 직업 전망만을 생각하며 어떤 일을 선택했을 때는 그 직업의 수요와 공급 정도에 따라 자신의 일이 언제든지 휘둘릴 수 있고, 이것은 개인으로서 통제하기 어려운 부분입니다.

그렇다면 주변 여건에 휘둘리지 않고 언제든지 행복한 직업인이 될 수 있는 방법은 무엇일까요? 바로 자신의 적성과 흥미를 살리는 것입니다. 적성과 흥미를 살릴 때 늘 행복할 수 있고, 설사 경기가 안 좋아져 수입이 좀 줄고 남들이 알아주지 않는다고 해도 일에 대한 만족도는 한결같이 유지될 수 있다는 것이지요. 또한 아무리 경기가 안 좋아져도 그 직업의 모든 종사자가 타격을 입는 것은 아닙니다. 그중에서 능력이 출중한 사람은 결국 살아남고 어쩌면 그 위기가 그 사람에게는 기회가 되기도 하지요. 그렇다면 어떤 사람의 능력이 뛰어날까요? 적성과 흥미는 고려하지 않고 전망만을 믿고 뛰어든 사람일까요? 아니면 전망보다는 자신이 좋아하고 잘하는 일을 선택한 사람일까요?

아울러 직업 전망에 있어 생각해야 하는 점은 자신이 몸담고 있는 직업 세계의 전망 변화에 지속적으로 대비해야 한다는 것입니다.

일제 강점기에 정말 잘나가는 손목시계 수리공이 있었습니다. 그 당시 시계는 누구나 가질 수 있는 것이 아니어서 주로 시계를 가진 부유층을 상대로 일을 했어요. 일본에서 그 기술을 배워 온 수리공이 드물었기에 그는 늘 일감이 밀려 큰돈을 만질 수 있었고, 또한 첨단 기술(그 시대에는)을 가진 그분을 누구나 인정해 주었지요. 하지만 세월이 흘러서 시계는 누구나 찰 수 있는 세상이 되었고, 시계 가격도 점점 떨어지게 되었어요. 심지어 시계가 고장이 나도 고쳐서 쓰는 것이 아니라 새로 사는 사람이 많아지자 시계 수리 일감은 더 줄어들 수밖에 없었죠. 이러한 세상의 변화에 자신이 달라져야 한다고 생각하기보다 늘 같은 자세로 제자리를 지킨 할아버지의 시계 수리점은 결국 임대료도 내기 어려울 지경에 이르렀다고 합니다.

❸ 대학 진학 준비 방법

사회복지사가 되려면 수능 등급이 얼마나 되어야 하는지와 사회복지학과가 유명하게 널리 알려진 대학교에 대해서 알고 싶다고 했죠?

그런데 사회복지사가 되기 위해서는 앞에서 알려 드린 대로 사회복지학을 전공해야 하고 그 학과가 개설되어 있는 대학은 전국에 걸쳐 매우 많으며, 입학 가능 성적은 대학에 따라 매우 차이가 나므로 일률적으로 말하기 어렵습니다. 따라서 일단 자신이 가고 싶은 대학교를 몇 개 정하고 그 학교의 입학 상담(전화 또는 게시판 상담)을 통해 확인하는 것이 가장 효과적입니다.

원하는 학과가 개설된 대학을 알아보는 방법을 알려 드립니다.

· **경로** | 커리어넷 사이트(www.career.go.kr) ⋯ 미래의 직업세계 ⋯ 학과정보 ⋯ 대학교학과정보 ⋯ 학과명 검색 ⋯ 학과명 클릭

개설대학

지역	대학명	학과명
서울특별시	경희사이버대학교	사회복지학과 특성화
서울특별시	고려사이버대학교	사회복지학과
서울특별시	그리스도대학교	복지상담학과
서울특별시	그리스도대학교	복지상담학과
서울특별시	그리스도대학교	복지행정학과
서울특별시	그리스도대학교	사회복지학과
서울특별시	글로벌사이버대학교	다문화사회복지전공
서울특별시	덕성여자대학교	사회복지학과
서울특별시	동국대학교(서울캠퍼스)	사회복지학전공
서울특별시	동덕여자대학교	사회복지학과
서울특별시	디지털서울문화예술대학교	사회복지학과
서울특별시	삼육대학교	사회복지학부
서울특별시	삼육대학교	사회복지학전공
서울특별시	상명대학교(서울캠퍼스)	가족복지학과
서울특별시	서울기독대학교	사회복지학과
서울특별시	서울대학교	사회복지학과 특성화
서울특별시	서울디지털대학교	사회복지학과

검색 결과에서 자신의 현재 성적, 거주 지역, 학교 특성 등을 고려하여 진학 희망 대학을 3개 정도 정한 후 학교 홈페이지(학교명을 클릭하면 링크됩니다)의 입학 메뉴에서 학생 선발 방법을 확인해 보세요. 그리고 게시판이나 전화 상담을 통해 입학 가능 성적을 문의해 보기 바랍니다. 또한 학교별 합격 가능 성적에 대해서는 담임 선생님이나 진로 상담 선생님과 얘기를 나눠 보는 것도 좋습니다. (담임선생님께서 예년의 대학, 학과별 합격 점수에 대한 다양한 자료를 갖고 계실 거예요.)

각 대학에 대한 상세 정보를 수집하기 위해서는 대학알리미(www.academyinfo.go.kr) 사이트를 활용할 수 있습니다. 교육과학기술부에서 주요 지표 즉, 취업률, 등록금 현황, 중도 탈락 학생 비율 등으로 각 대학교의 자료를 수집하여 공개하고 있답니다.

대학 입시에 대한 상담은 대학 입학 정보 포털사이트(univ.kcue.or.kr)를 활용하는 방법도 있습니다.

뜻이 있는 곳에 길이 있다고 했습니다. 다정 님께서 이번 기회에 진학하고자 하는 학교의 학생 선발 방법과 입학 가능 성적을 확인한 후 앞으로 부족한 부분을 어떻게 보완할 수 있을지 생각해 보는 것은 어떨까요? 구체적인 학습 계획을 세워 꾸준히 실천하는 것은 자신이 원하는 미래에 누구보다 빨리 도달할 수 있는 지름길이 되어 줄 거예요.

똑똑한 대입 정보

- 대학입학정보 포털사이트(univ.kcue.or.kr)의 진로진학정보 ⋯› 온라인상담
- 대학입학상담센터(1600-1615)
- 상담 시간 1월 ~ 7월(상담 비성수기) : 평일 09:00 ~ 18:00
- 8월 ~ 12월(상담 성수기) : 평일 09:00 ~ 22:00
- 본인에게 맞는 맞춤형 입시 전략 및 전형 안내
- 입학사정관 전형 안내 및 준비 방안 상담
- 재외국민과 외국인 특별전형 상담
- 농어촌, 기초생활수급자 및 차상위 계층, 특성화고교출신자 특별전형, 재직자 특별전형 등 각종 특별전형 상담

제가 좋아하는 과목으로
선택할 수 있는 직업을 알고 싶어요

질문

안녕하세요.

저는 이제 고등학교 진학과 미래의 직업에 대해 고민을 많이 하고 있는 중학교 3학년 여학생입니다.

원래는 유치원 선생님을 꿈으로 삼고 싶었는데, 생각해 보니깐 별로 참을성 같은 것도 없고 이러저러한 이유로 포기했습니다. 그래서 제가 좀 관심을 갖고 있는 게 뭐가 있나 생각을 해 봤는데 교과목 중에서 사회를 제일 좋아하고 성적도 사회가 제일 높아요. 사회와 관련해서 어떤 직업을 가져야 할지 고민을 했는데 답이 나오지 않아 이렇게 글을 쓰게 되었습니다. 제가 사회 중에서도 세계사를 좋아해요.

저와 잘 맞겠다 싶은 직업이 있으면 좀 추천해 주세요.

진로가 결정이 안 되니 공부에 집중도 안 되는 것 같아요. (바영)

워크넷의 '관심 지식으로 직업 찾기' 서비스를 실시해 보세요

안녕하세요.

사회 중에서도 세계사와 관련이 있는 직업이 궁금하여 상담을 청했군요. 많은 친구들이 직업을 선택할 때 연봉이나 보수 등을 먼저 떠올리는데, 자신이 관심 있는 과목을 활용한 직업을 찾고자 하는 바영 님의 태도가 참 듬직하고 의젓하게 느껴지네요.

그런데 사회 한 과목만을 가지고 직업을 추천하기는 어렵습니다. 왜냐하면 사회에도 법, 일반 사회, 역사, 지리 등 여러 지식이 함께 있고 또한 바영 님이 사회 다음으로 관심이 있는 지식 몇 가지가 더 추가될 때 훨씬 폭넓고 실제적인 진로 탐색을 할 수 있기 때문이지요.

자신이 관심을 가지고 있는 몇 가지 지식을 활용하여 적합한 직업을 추천해 주는 사이트와 메뉴을 알려 드리면 아래와 같습니다. 워크넷 사이트(www.work.go.kr) ⋯➤ 직업 · 진로 ⋯➤ 직업 정보 검색 ⋯➤ 나의 특성에 맞는 직업 찾기 메뉴에 가면 아래와 같은 화면이 제시됩니다.

◗ 나의 특성에 맞는 직업 찾기

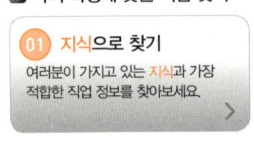

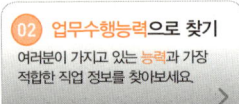

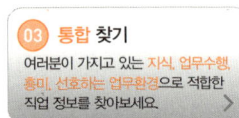

이 중에서 '지식으로 찾기'를 활용해 보기 바랍니다.

아래의 표처럼 나열되어 있는 지식과 지식에 대한 설명을 읽은 후 자신이 관심을 가지고 있는 지식을 클릭해 주세요. 가능한 자신이 가지고 있는 지식을 많이 선택하여 주세요. 지식을 많이 선택할수록(역사 항목 포함 최소 5개 이상) 정확한 직업 정보를 검색하실 수 있습니다. 선택하신 후 표의 '검색' 버튼을 눌러 주세요!

□ 사회와 인류	집단행동, 사회적 영향, 인류의 기원 및 이동, 인종, 문화에 관한 지식
□ 지리	육지, 바다 그리고 하늘의 특성 및 상호관계에 관한 지식
□ 의료	질병이나 치아의 질환 여부를 진단하고 치료하는 것에 관한 지식
□ 상담	개인의 신상 및 경력 혹은 정신적 어려움에 관한 상담을 하는 절차나 방법 혹은 원리에 관한 지식
□ 교육 및 훈련	사람을 가르치고 훈련시키는 데 필요한 방법 및 이론에 관한 지식
□ 국어	맞춤법, 작문법, 문법에 관한 지식
□ 영어	영어를 읽고, 쓰고, 듣고 말하는 데 필요한 지식
□ 예술	음악, 무용, 미술, 드라마에 관한 지식
□ 역사	역사적 사건과 원인 그리고 유적에 관한 지식
□ 철학과 신학	생활에 영향을 미치는 다양한 철학과 종교에 관한 지식
□ 안전과 보안	사람들과 재산을 보호하기 위해 필요한 지식
□ 법	법률, 규정에 관한 지식

직업명이 뜨면 그중에서 관심이 가는 직업을 클릭하여 준비 방법, 연봉, 전망 등 더 자세한 정보를 수집하세요. 그리고 그 정보를 바탕으로 자신에게 적합한 한 가지를 선택해 보기 바랍니다.

또한 만약에 지식과 더불어 자신의 흥미, 능력(적성), 근무 환경 등을 통합하여 자신에게 적합한 직업을 탐색하고 싶다면 위 메뉴의 세 번째에 있는 '통합 찾기'를 시도해 보기 바랍니다.

끝으로 걱정이 되는 것은 진로 선택 문제 때문에 정작 중요한 학업을 소홀히 하는 것은 아닌지에 관한 것입니다. 학업 성적이 높을수록 직업 선택의 폭도 넓어지니 진로 고민 때문에 성적이 떨어진다면 두 마리 토끼를 다 놓치는 어리석음을 범하는 것이라고도 할 수 있습니다.

적지 않은 친구들이 자신에게 적합한 진로 목표를 찾은 후 공부에 전념하겠다는 생각을 합니다. 그런데 사실 진로 목표 설정이 짧은 시간에 말끔히 해결되는 간단한 일은 아닙니다. 최악의 경우 오랜 시간을 들여 정말 어렵게 진로 목표를 설정했지만 그동안 공부를 소홀히 하여 성적이 떨어졌다면 성적 때문에 원하는 목표를 달성하지 못할 수도 있다는 것이지요. 따라서 만약 진로 고민이 다 끝나지 않았다고 해도 하루 중 일정 시간은 진로 목표를 설정하고 계획을 수립하는 데 할애하되 나머지 시간은 학업에 매진하여 직업을 마음껏 고를 수 있는 토대를 갖추기 바랍니다.

학업 성적과 진로와의 관계

백화점에 바지를 한 벌 사러 갔습니다. 디자인, 색상, 브랜드, 질감, 바느질 상태, 유행 정도, 집에 있는 옷과의 어울림 정도, 부모님의 반응 등을 따져 정말 꼼꼼히 찾은 끝에 매우 마음에 드는 바지 하나를 발견했습니다. 신나는 기분으로 점원에게 가격을 물었더니, 7만 원이라고 합니다. 수중에는 3만 원밖에 없습니다. 이러한 경우 어떻게 하면 바지를 살 수 있을까요? 먼저 집에 가서 긴 시간 동안 용돈을 아끼고 모아 4만 원을 더 마련해 오는 것입니다. 아니면 수중에 있는 돈으로 살 수 있는 바지가 있는 시장이나 할인 매장으로 가야겠지요? 결국 이러한 경우 만약에 나에게 10만 원 정도의 돈이 있다면 내가 원하는 바지를 살 수 있지만 돈이 부족하다면 그만큼 마음껏 바지를 선택할 수 있는 폭은 좁아지게 됩니다. 아니면 부족한 만큼의 돈을 마련하기 위해 그 이후 한동안 경제적으로 힘들어야 한다는 것이지요. 그럼 여기서 돈은 학업 성적으로, 바지는 직업 목표로 바꿔서 생각해 볼까요? 적지 않은 직업이 성적의 영향을 받기 때문에 학업 성적이 높다면 직업을 마음대로 선택할 수 있지만 성적이 충분하지 못하면 아무리 적성, 흥미, 신체적 조건, 연봉과 전망, 부모님의 기대 등 여러 조건에 딱 맞는 직업을 발견했다고 해도 그것을 내 것으로 만들기가 어렵다는 것입니다.

다큐멘터리 프로듀서가
되고 싶어요

질문

프로듀서 중에서도 다큐멘터리를 찍는 피디가 되고 싶습니다. 〈MBC스페셜〉이나 〈KBS스페셜〉 같은 프로그램에 참여해서 다큐멘터리를 찍고 싶은데 도무지 길이 보여야죠.

주변에서 방송 쪽 일하는 사람을 찾아봐도 만나기 쉽지 않더라고요.

뭘 어떻게 해야 될지 너무 막막하네요. 꼭 이 꿈을 이루고 싶어요.

어떻게 하면 제 꿈을 이룰 수 있을까요? (다큐 보이)

답변

책을 통해 역할 모델을 찾아보세요

안녕하세요, 다큐 보이 님.

다큐멘터리 PD에 대한 자세한 직업 정보가 궁금하여 상담을 청했군요. 글을 읽으며 다큐 보이 님이 참 야무지고 자신의 꿈에 대한 의지가 참 강한 친구구나 하는 생각을 했어요. PD가 되고 싶다는 친구들은 종종 있지만 구체적으로 특정 장르를 염두에 두고 꼭 그 꿈을 이루겠다는 경우는 찾아보기 힘들거든요. 또한 꿈을 이루기 위해 이렇게 적극적으로 방법을 찾는 것 역시 남다르게 느껴집니다.

자, 그럼 다큐멘터리 PD에 대해 알아볼까요?

다큐멘터리 PD는 다큐멘터리를 제작하지만, 모든 PD는 일단 같은 경로를 통해 입사한 후 다큐멘터리, 예능 등 자신의 전문 영역이 정해집니다. 따라서 일반적인 피디 준비 방법을 알아 두면 되지요. 다음 내용을 꼼꼼히 읽어 보세요.

워크넷에서 '방송연출가'를 키워드로 검색하면 상세한 직업 정보를 수집할 수 있답니다.

워크넷(www.work.go.kr) ⋯▶ 직업 · 진로 ⋯▶ 직업 정보 검색창에 '방송연출가'를 입력하면 방송연출가와 관련된 직업이 나옵니다. 방송연출가를 클릭하면 PD의 자격 조건이나 전망 등을 볼 수 있어요. 어떤 내용인지 간략하게 요약해 볼게요.

▶▶ 방송연출가의 자격

방송연출가가 되기 위해서는 대학의 관련 학과나 사설 학원 등에서 방송, 영화, 연극 제작 등에 관한 전문적인 교육을 받는 것이 유리하다. 대학에서 신문방송학 등을 전공하거나 동아리 활동 등으로 프로그램 제작에 대한 교육을 받는 것도 입직 후 업무를 수행하는 데 유리하다. 방송연출가는 보통 각 방송사의 공개 채용을 통해 입직하게 된다. 지상파 방송사의 경우 4년제 대학 졸업 이상의 학력을 요구하고 있으나 최근에는 학력 제한을 폐지하는 추세이며 전공 또한 제한을 두고 있지 않다. 채용 과정은 방송사에 따라 차이가 있지만 '서류 전형 → 교양, 논술 등의 필기 시험 → 면접 → 인턴' 등의 채용 과정을 거친다. 이외 종합유선방송사(CATV), 독립 프로덕션 등의 경우에는 인맥이나 학원 추천 등 다양한 경로로 채용이 이루어지며 전문대 졸업 이상으로 학력을 제한하는 경우가 많다.

또한 워크넷(www.work.go.kr) ⋯▸ 직업 · 진로 ⋯▸ 직업동영상 ⋯▸ PD로 키워드 검색을 하면 예능 PD 동영상이 소개되는데, 같은 PD이므로 PD에 대한 일반적인 정보 수집에 도움이 될 거예요.

자신이 원하는 직업인이 되기 위해 노력하는 방법 중에 역할 모델을 선정하고 이 사람을 닮기 위해 노력하는 방법이 있습니다.

자신이 관심을 가지고 있는 분야에서 성공한 직업인 중 존경하고 닮고 싶은 본보기가 되는 사람을 역할 모델(role model)이라고 합니다. 역할 모델을 선정하여 그 사람의 인품과 직업 생활, 성장 과정과 진로 선택 과정을 탐색하면 진로에 대한 좀 더 구체적이고 실질적인 정보를 얻을 수 있지요. 또 역할 모델을 모방하다 보면 그 사람의 긍정적인 사고방식과 좋은 습관을 닮게 되고 어려움을 만났을 때 역할 모델이라면 어떻게 했을까를 상상함으로써 난관을 극복할 수 있는 지혜와 용기를 얻을 수 있답니다. 따라서 역할 모델을 잘 선정하면 목표 달성을 위한 의욕이 높아지고 진로 계획을 실천할 수 있는 힘도 얻게 되지요. 피겨스케이팅 올림픽 금메달리스트 김연아 선수는 어릴 때 올림픽 2연패에 빛나는 피겨의 여왕 미셸 콴을 닮고 싶어 했고, 경기 장면을 흉내 내는 '올림픽 놀이'를 즐겨 했다고 하네요. 결국 그 꿈을 이루었고 또한 미셸 콴과 함께 빙판 위에서 스케이트를 타며 감격하는 장면이 TV를 통해 소개되기도 했지요.

역할 모델에 대한 정보 수집을 하는 방법에는 먼저 신문이나 방송 인터뷰를 활용하는 방법이 있습니다. 인터넷 상의 글자로 된 정보나 동영상 정보는 일반적인 내용을 파악하기에는 문제가 없습니다. 하지만 직업인으로서의 깊은 속내를 알고 싶은 욕구를 충족시키기에는 한계가 있습니다.

이럴 때 활용할 수 있는 또 하나의 방법은 그 사람의 저서를 읽어 보는 것입니다. 기사나 동영상의 정보에 한계를 느끼는 경우 책을 통해 갈증을 해결할 수 있으며, 그 직업인을 역할 모델로 삼아, 직업인으로서의 마음가짐과 취업 준비 과정 등에 대한 정보를 수집한다면 자신의 꿈을 단단히 다지고 진로 계획을 수립하는 데에도 많은 도움이 될 수 있습니다.

오늘도 세상 끝에서 외박 중

김진만 | 리더스북 | 2012

3년간 지구 5바퀴를 돌며 사라져가는 모든 것들에게 안부를 물어 온 저자가 다큐멘터리 피디로 살면서 만났던 사람들, 특히 지구상에 살아 숨 쉬고 있는 생명들에 관한 이야기를 담은 책이다.

나는 다큐멘터리 PD다

안태근 | 스토리하우스 | 2010

제작된 다큐멘터리 내용이 아닌 '다큐멘터리'라는 장르에 대한 전반적인 이해와 한 편의 프로그램을 완성하기까지 거쳐야 하는 전 과정을 구체적인 예시와 함께 단계별로 설명한 책이다. 이 책은 다큐멘터리 프로그램의 PD 지망생 그리고 예비 방송작가를 위한 체계 있는 지침서로써, 오랜 현장 경험과 풍부한 이론을 바탕으로 한 저자의 생생한 노하우가 그대로 담겨 있다.

· · · · ·

· 일단 위 책을 꼼꼼히 읽은 후 더 궁금한 사항에 대해서는 출판사를 통해 저자에게 문의하는 것도 좋을 것 같네요.

자신의 꿈을 달성하기 위해 적절한 역할 모델이 선정되었다면 그 사람에 대한 상세한 정보를 수집한 후 자료들을 스크랩해 두세요. 자신이 힘들고 어려울 때마다 자료를 활용한다면 마음의 위안을 받을 수 있을 뿐만 아니라 진로 계획을 수립하고 실천해 나가는 데 요긴한 정보가 될 수 있을 거예요. 자료 수집에 있어 다음 표를 활용해 보세요.

사진 붙이기	이름	
	직업	
	선정 이유	
	주요 경력	
	업적, 작품	
진로 선택 과정		
성공 과정에서의 주요 사건		
고난 극복 사례		
성공의 원동력		
가장 기억에 남는 말		
느낀 점		

꿈은 결코 저절로 이루어지지 않습니다. 정확하고 풍부한 정보를 바탕으로 계획을 세우고 한 걸음씩 꾸준히 나아갈 때 꿈의 주인공이 될 수 있다는 점을 꼭 기억하세요.

김진만 PD는 청소년들에게 "변화를 두려워하지 말고 자신이 좋아하는 일을 찾으라"고 조언했다.

지난해 인기리에 방영된 다큐멘터리 〈아마존의 눈물〉을 연출한 김진만 PD는 지구의 온탕과 냉탕을 종횡무진한다. 그는 이 프로그램의 열기가 채 식기 전 지구상에서 가장 춥다는 얼음의 땅 남극으로 떠났다. 다큐멘터리 열풍을 불러온 '지구의 눈물' 시리즈 마지막 편인 〈남극의 눈물〉 연출을 맡았기 때문이다. 남극 촬영 중 잠시 한국에 들어온 틈을 타 만난 김 PD는 "좋아하는 일을 하라"고 학생들에게 말하고 싶다고 했다.

아마존과 비교해 남극은 어떤가.

부족민을 통해 지역을 이해하기가 비교적 쉬웠던 아마존에 비해 남극은 사람이 살지 않아 지역에 대해 말해 줄 조언자가 없다. 온몸으로 부딪쳐 남극의 생태계를 하나씩 배워 가고 있다. 평균 영하 53도인 남극은 추울 땐 영하 75도까지 기온이 내려간다. 카메라도 고장 나기 일쑤고 매일 저체온증과 싸운다. 동상으로 손·발가락을 잘라 내는 경우도 부지기수다. 다행히 아직까지 내 손발은 멀쩡하다

자연을 찍을 때 힘든 점은 뭔가.

사람 마음대로 되지 않는다는 점이다.

아델리펭귄이 알 낳는 장면을 촬영할 때였다. 촬영이 좀 더 편해질까 싶어 손수 돌을 구해 갖다 주고 얹어 주며 둥지를 함께 지었다. 알 낳을 시기에 촬영을 시도했지만 전혀 틈을 주지 않더라. 많이 친해졌다고 생각했는데 펭귄이 소리를

지르면서 덤빌 땐 섭섭할 정도였다. '인간 차원'의 기대를 버리고 그저 참고 기다리는 법을 배웠다.

황제펭귄의 각별한 가족애다.
암컷이 알을 낳고 먹이를 찾아 떠나면 수컷이 아무것도 먹지 않은 채 무시무시한 강풍을 견디며 120일 동안 알을 품는다. 새끼가 부화하면 위에 남은 음식물을 게워 새끼 입 속에 넣어 준다. 암컷이 돌아오면 그제야 먹이를 찾으러 바다로 나간다. 수많은 펭귄 무리 속에서 신통하게도 자기 짝을 찾아 새끼를 건네는 모습은 자연의 경이로움 그 자체다.

공부를 잘하는 모범생이었다. TV를 좋아했지만 방송계로 진출하겠다는 꿈을 꿔본 적은 없다. 일단 대학에 잘 들어가면 미래에 관한 선택의 폭이 넓어질 것이란 생각에 공부를 열심히 했다.
4년 동안 다니던 연세대 의대를 부모님 몰래 그만두고 대입을 다시 준비하던 형과 함께 공부하며 고3 시절을 보낸 게 큰 도움이 됐다. 1990년 형은 서울대 법대에, 나는 서울대 사회학과에 나란히 진학했다.

사법 고시를 준비하던 친형이 '남자라면 고시'라는 말로 날 고시의 세계로 끌어들였다. 대학교 3학년 때까지 행정고시를 열심히 준비했지만 낙방을 거듭했다. 큰 혼란에 빠졌다. 그때 '내가 잘하는 것을 하자'는 생각이 들었다.
마침 학교에 주철환·김영희 PD가 와서 진로 특강을 했다. 특강을 들으며 가슴이 두근댔다. PD란 직업은 한 번도 고려해 본 적이 없었지만 여러 사람이 협업하며 무에서 유를 창조해 나가는 점이 매력 있게 다가왔다. 그동안 해 오던 고시 공부를 접기가 망설여졌지만 '좋아하는 것'을 하자는 생각으로 결단을 내렸다.

교양 PD로 직군을 바꾼 것도 그 때문인가.

평소 유머 감각이 뛰어나 주변에서 '넌 딱 예능 PD감이다'라는 말을 많이 들어 예능국으로 입사했다. 첫 작품으로 시트콤 〈남자 셋 여자 셋〉을 조연출했다. 그런데 일을 할수록 재미가 없어 우울한 나날을 보냈다. 일반인들과 만나며 진정성 있는 프로그램을 만들고 싶었다.
문득 고시를 접었던 그때가 생각났다. '좋아하는 일을 하자'고 결단을 내리고 교양국으로 옮기기로 했다.
다큐멘터리를 통해 사람과 환경에 대한 메시지를 전할 수 있는 지금 일이 정말 좋다.

PD를 꿈꾸는 학생에게 필요한 덕목은?

소통을 원활하게 해야 한다. PD 혼자서는 프로그램을 만들 수 없다. 카메라감독 · 작가 · 조명감독 등 수많은 사람과 협업하며 리더십을 발휘해야 한다.
그리고 잘 들을 줄 알아야 한다. 전문가의 말에 귀 기울이고 책을 많이 읽으며 다양한 정보를 접한 뒤 자신만의 방법으로 소화시켜야 한다.

진로를 고민하는 학생들에게 조언한다면.

진로 선택을 해야 하는 순간이 온다면 먼저 '좋아하는 일인가'를 생각해라. 그렇다는 생각이 든다면 과감하게 결단을 내려라.
나도 크게 두 번의 진로 변경을 했고 두 번 다 결과는 좋았다. 하고 싶은 것을 하니 결과가 좋은 거다. 인생이란 수많은 고민과 선택의 순간을 거쳐 결국 자신에게 맞는 옷을 찾아 나가는 과정이다.
변화를 두려워하지 마라.

(「'청소년 롤모델에게서 듣는다'-〈아마존의 눈물〉 김진만PD, 『중앙일보』, 2011년 2월 9일)

'불꽃놀이 전문가'라는
이색 직업에 대해 알고 싶습니다

질문

얼마 전 백제 문화제에서 불꽃놀이를 봤습니다.

불꽃놀이를 본 건 정말 오랜만이었는데, 어찌나 아름답던지 저는 한동안 넋을 잃었습니다. 그리고 제가 직접 저런 불꽃을 만들었으면 하는 마음이 들었습니다.

그래서 불꽃놀이 전문가라는 직업에 대해 이리저리 조사를 해 봤는데, 관련 자료를 좀처럼 찾을 수가 없었습니다. 불꽃놀이 전문가가 되려면 어떻게 준비해야 하는지 어떤 자격증이 필요한지 등을 자세히 가르쳐 주셨으면 좋겠습니다. (규현)

답변

이색 직업 정보는 워크넷에서 찾으세요

안녕하세요, 규현 님.

밤하늘에 펼쳐지는 불꽃의 향연은 모든 사람을 환상의 세계로 초대하여 일상의 시름을 잊게 하는 최고의 축제이죠. 보통 사람들은 불꽃놀이에 대해 이 정도로 생각하는데, 규현님의 경우 그것을 자신의 미래 직업으로까지 연결시킨 것을 보면 규현 님에게 불꽃은 단순한 놀이가 아니라 운명이 될 수도 있을 것 같네요.

이렇게 상담을 청하면서까지 불꽃놀이 전문가에 대해서 자세히 알고자 하는 규현 님의 열정과 의지가 저에게까지 뜨겁게 느껴집니다.

불꽃놀이를 진행하는 직업의 정식 명칭은 불꽃연출가입니다. 아마 생긴 지 그리 오래되지 않은 직업이기 때문에 정보를 찾기가 어려웠을 거예요. 대부분의 직업 정보를 안내하는 사이트에서도 우리나라에 존재하는 1만여 개의 직업 중 일반화된 수백 개의 직업만을 소개하고 있거든요.

이러한 이색 직업에 대한 정보를 찾는 방법을 안내해 드리겠습니다.

• **경로** | 워크넷(www.work.go.kr) ⋯⋯ 직업·진로 ⋯⋯ 직업 정보 검색 ⋯⋯

직업 탐방 ⋯⋯ 눈길 끄는 이색 직업 ⋯⋯ 방송/이벤트

워크넷의 '눈길 끄는 이색 직업' 페이지는 식품/웰빙/여가, 과학/정보통신, 보건의료/교육, 문화/예술/스포츠, 경영/금융/보안, 방송/이벤트 등 다양한 분야의 이색 직업, 신생 직업 등이 탄생된 배경, 하는

일, 근무 환경, 준비 방법, 진출 현황, 전망을 안내하고 있습니다.

자, 그러면 불꽃연출가에 대해 자세히 알아보도록 할까요?

▶▶ 하는 일

불꽃연출가는 밤하늘을 무대 삼아 불꽃 공연을 펼치는 불꽃의 창조자입니다. 이들은 축제의 콘셉트에 맞게 불꽃 축제를 기획하고 연출합니다. 단순히 이벤트 사업이나 특수 효과를 만들어 내는 사람을 말하는 것은 아닙니다.

보다 구체적으로 살펴볼까요? 불꽃 축제의 기획 의뢰가 들어오면 현장 답사를 통해 발사 장소를 정합니다. 이때는 어느 정도 안전거리를 두고 얼마나 견고하게 불꽃을 설치할 수 있는지를 고려해 최종 발사 장소를 선정하게 되죠. 그다음은 회의를 거쳐 어떤 테마로 된 아름다운 불꽃을 연출할 것인지를 정하고 이에 맞는 음악을 선정해 편집합니다. 음악 선정이 끝나면 음악에 맞춰 적절한 모양을 내는 불꽃을 구상하고 불꽃을 점화할 때의 시간 간격과 어떤 형태로 불꽃을 배치할 것인지 등을 정하며 전체적인 불꽃축제 연출을 기획하죠. 이런 과정에서 제일 중요한 건 밤하늘에 아름다운 불꽃이 펼쳐질 때 관객들이 불꽃과 소리를 통해 얼마나 큰 감동을 받을 것인가를 생각하고 기획하는 것입니다.

다음 할 일은 불꽃 축제의 허가 서류를 준비해 관할 경찰서장의 허가를 받는 것입니다. 그리고 행사 당일 화약고에서 사용할 화약을 반출해 불꽃 축제 현장으로 이동하게 되죠. 기획한 대로 현장에서 불꽃 축제를 위한 화약과 발사 장치를 설치하고 최종적으로 불꽃 축제 연출을 마치면 화재 예방 및 안전 활동을 한 뒤 현장에서 철수하게 됩니다. 마지막으로 불꽃 축제 시작 시간에 맞춰 불꽃과 연결된 버튼을 누르면 불꽃 공연을 시작하게 되죠.

▶▶ 어떻게 준비하나요?

불꽃연출가란 직업은 화약 분야의 전문 기술자이며, 동시에 밤하늘에 아름다운 불꽃 그림을 수놓는 종합예술가입니다. 불꽃연출가는 불꽃 축제와 관련된 모든 기술적 요소나 예술적 요소를 한데 아우를 수 있는 지식과 경험, 능력이 필요합니다. 기본적으로 컴퓨터운용능력(기획, 음악 편집, 발사 프로그램 작성 등)이 필요하고 화약에 대한 전문 지식과 그 전문 지식을 바탕으로 아름다운 불꽃을 펼쳐 낼 수 있는 예술적 감각이 필요합니다. 뿐만 아니라 불꽃 공연을 하는 축제 산업에 대한 정확한 이해도 필요합니다. 불꽃 공연 현장에서는 기상이나 장소 여건에 따라 대처할 수 있는 상황 대처 능력도 필요하며 현장을 총 진두지휘해야 하는 만큼 강인한 체력과 정신력도 요구됩니다.

불꽃연출에 대한 전 과정만을 전문적으로 채택해 교육하는 곳은 거의 없습니다. 이벤트학과가 있는 대학에서 실무적인 지식을 가르칠 때 잠깐 언급하는 정도이지요.

불꽃 프로모션을 진행하는 한 기업에서는 불꽃연출가를 채용할 때 지원자의 전공을 크게 염두에 두지 않기도 합니다. 대신 불꽃연출을 위해 필요한 자격증이 있는 지원자가 우대되지요.

우리나라는 총포화약류단속법에 따라 불꽃 축제를 연출할 때 항상 화약류관리보안책임자를 선임하도록 하기 때문에 불꽃연출가가 되기 위해서는 화약 관련 자격을 취득하는 일이 필수적이며, 이러한 자격증에는 화학류산업기사 및 기사, 화학류관리산업기사 · 화약류관리기사 · 화약류관리기술사, 화약취급기능사 등이 있습니다. 화약 관련 자격증 취득 후 불꽃 공연을 진행하는 회사에서 실무 경험을 쌓아 가는 것도 불꽃연출가로 진출할 수 있는 방법입니다. 또한 화약에 대해서 공부하고 자격을 취득하는 데 유리한 학과(자원공학과, 화학공학, 지질학과, 토목공학 등)에서 발파공학에 관한 공부를 하는 것도 불꽃연출가로 진출하는 데 유리합니다. 그 밖에 민간의 학원이나 광업진흥공사 등에서 화약 관련 자격증 취득을 위한 교육 과정이 개설돼 있습니다. 화약 관련 자격증을 취득하면 '총포화약안전기술협회'에서 실시하는 화약류관리보안책임자 교육을 받을 수 있으며 소정의 교육을 마치면 주소지 관할 경찰청장이 주는 '화약류관리 보안책임자 면허'를 취득하게 되어 불꽃연출가로서의 기본 자격을 갖추게 됩니다.

불꽃연출가로 자격을 갖추게 되면 화약을 다루는 기업체의 연화 사업부나 불꽃놀이 회사에서 근무할 수 있는데, 기업체에서는 종종 불꽃연출가를 '연화사'라고 부르기도 합니다. 또 개인적으로 불꽃놀이 전문 회사를 경영할 수도 있습니다.

현재 우리나라 불꽃연출가들의 역량은 불꽃놀이 분야의 선두주자라 할 만큼 세계적 수준을 자랑합니다. 해외에서는 불꽃연출가라는 직업이 아예 없거나 낙후돼 있는 실정이죠. 따라서 글로벌 시대에 맞춰 충분한 역량을 갖춘다면 우리나라뿐 아니라 세계 무대까지 진출이 가능할 것으로 보입니다.

불꽃연출가는 화약 관련 자격증이 있어야 한다는데, 그것은 어떻게 취득할 수 있을까요? 자격증에 대한 모든 정보를 찾을 수 있는 사이트를 안내해 드리겠습니다. 요즘 스펙 전쟁이 치열하다 보니 각종 자격증을 얻기 위한 경쟁이 과열되고 있습니다. 그중에는 국가 공인을 받지 못한 자격증도 적지 않은데, 국가의 공인 여부를 확인할 수 있는 곳이 바로 한국산업인력공단에서 운영하는 Q-net(www.q-net.or.kr)입니다.

이곳에서는 자격증을 국가자격, 민간자격, 외국자격 등으로 나누어 자격증 개요, 수행 직무, 진로 및 전망, 종목별 검정 현황 등을 안내하고 있습니다. 아울러 자격증 취득을 위한 원서 접수를 받기도 하고, 필기/실기 시험을 준비하는 응시자를 위해 관련 문제를 공개하고 있답니다.

한 가지 염려가 되는 것은 현재 규현 님의 불꽃연출가에 대해 관심이 지속적인 관심이라기보다 우연한 기회에 접하게 된 축제에서의 경험을 바탕으로 한 일시적인 호기심에서 출발했다는 것입니다. 직업의 화려한 겉모습에만 반해서 그 일을 선택했지만 그 이면의 어려움 등을 견디지 못하고 결국 일을 그만둘 수도 있거든요.

그렇다면 한 직업에 대해 일시적인 호기심 차원에 그치지 않고 지속적인 관심 속에서 자신의 꿈으로 만들 수 있는 방법을 알아볼까요?

먼저 관심 직업에 대한 정확한 정보를 찾아보는 것입니다. 그리고 구체적으로 어떤 일을 하는지, 어떤 준비(학력과 자격증)가 필요한지, 어떤 직업적 어려움이 있는지, 그 직업에서 필요로 하는 적성과 흥미를 갖추고 있는지 등의 정보를 기준으로 과연 나에게 적합한 직업인지를 꼼꼼하게 그리고 객관적으로 평가해 보는 것입니다.

그 과정 속에서도 여전히 관심이 지속된다면 그다음 할 일은 최종 목표를 달성하기까지 거쳐야 할 과정을 로드맵으로 작성해 보는 것입니다. 1년 후, 5년 후, 10년 후, 20년 후, 30년 후까지 자신의 미래를 생생하게 그려 보세요.

다음으로 단기 목표를 정하고 실천해 보는 것입니다. 천 리 길도 한 걸음부터라는 말이 있지요? 직업을 갖는 것은 비교적 먼 미래이지만 그 미래는 오늘이라는 짧은 시간 동안 내가 그 꿈을 위해 작지만 무엇인가를 하고 그것들이 지속적으로 쌓일 때 나의 것이 될 수 있으니까요. 그 꿈을 이루기 위해서 오늘 당장 할 수 있는 것은 무엇인지를 찾고 실천하십시오. 예를 들어 불꽃연출가는 화학 분야의 전문기술자이므로 이쪽 분야의 진학을 위해서는 수학과 과학을 특히 잘해야 합니다. 따라서 이 과목들에 대한 매일의 학습 계획을 세우고 실행에 옮기는 것도 목표 달성으로 가는 첫걸음이라고 할 수 있을 것입니다.

끝으로 다른 직업에 대한 관심도 계속 유지하면서 그 직업에 대한 자신의 관심 정도를 확인해 보는 것입니다. 왜냐하면 이번에는 규현 님의 마음이 불꽃연출가라는 직업과 접촉했기 때문에 이것에 대해 관심을 가지게 되었지만, 앞으로 또 다른 어떤 직업을 만나면서 규현 님의 관심이 옮겨 갈 수도 있거든요. 이렇게 직업에 대한 관심이 변화하는 것이 결코 이상한 것이 아니라 청소년기에는 지극히 정상적인 것이라는 점도 꼭 기억하세요. 이런 과정을 거치면서 여전히 그 직업에 대한 관심이 유지된다면 규현 님의 직업 흥미는 지속적인 것이라고 판단할 수 있을 거예요. 너무 힘들고 복잡하다구요? 맞습니다! 하지만 이런 과정을 거치지 않고 간단하고 쉽게 목표를 정하고 직업을 가졌을 때 나중에 어떤 일이 일어날까요?

한국경영자총협회가 지난해 말 전국 392개 기업을 대상으로 조사해 발표한 '신입·경력 사원 채용 실태 특징'에 따르면 지난해 정말 어렵게 입사한 대졸 신입 사원의 1년 이내 퇴사율은 23.6%였다고 합니다. 이전 2010년 조사(15.7%) 때보다 7.9%나 높아졌다네요. 합격하고도 입사를 포기하는 입사 포기율도 7.6%나 됐습니다. 기업들은 신입 사원의 조기 퇴직 사유로 '조직·직무 적응 실패(43%)'를 꼽았습니다. (2013년 2월 22일『중앙일보』기사 참고) 결국 목표 직업에 대한 정확한 정보도 모른 채 환상만 가지고 접근한 결과라고 할 수 있지요.

조금은 번거롭고 고통스럽더라도 돌다리도 두들기며 건너듯 자신의 진로 목표를 설정하고 헤쳐 나갈 때 결국 승리의 미소를 지을 수 있고 오래도록 행복한 직업인이 될 수 있다는 점을 잊지 마세요.

이색·신생 직업 목록에서 내 꿈 찾기

- **경로** | 워크넷(www.work.go.kr) ⋯▶ 직업 정보 검색 ⋯▶ 직업 탐방 ⋯▶ 눈길
  끄는 이색 직업

- **활용 방법**

❶ 식품/웰빙/여가, 과학/정보통신, 보건의료/교육, 문화/예술/스포츠, 경
  영/금융/보안, 방송/이벤트, 녹색직업, 기타 분야 중 자신이 관심이 있는
  분야를 선택하세요.

❷ 관심 분야의 직업 목록을 살펴본 후 자신이 흥미를 끄는 직업, 잘 모르겠
  지만 더 알고 싶은 직업 이름에 표시를 하세요.

❸ 표시를 한 직업에 대해 위에서 제시한 사이트 메뉴를 활용하여 탄생 배
  경, 하는 일, 근무환경, 준비 방법, 진출 현황, 전망 등의 내용을 꼼꼼하
  게 읽어 보세요.

- **이색 직업의 예**

▶▶ 식품 · 웰빙 · 여가

막걸리소믈리에 · 음악분수연출가 · 동물원큐레이터 · 숲해설가 · 생태세밀
화가 · 아트토이디렉터 · 북아티스트 · 기능성식품연구원 · 산업잠수사 · 매
장 배경음악 전문가 · 퍼스널쇼퍼 · 애완동물장의사 · 수중재활운동사 · 재
활승마치료사 · 웃음치료사 · 스파매니저 · 소믈리에 · 쇼다이버 · 아쿠아리

스트 · 회원권딜러 · 호텔컨시어지 · 파티쉐 · 조향사 · 아트컨설턴트 · 애견

트레이너 · 애견옷디자이너 · 브루마스터 · 푸드스타일리스트 · 파티플래

너 · 아로마테라피스트 · 바리스타 · 다이어트프로그래머 · 영화제프로그래

며 · 경주장아나운서 · 캘리그라퍼 · 풍선아티스트 · 아트워크매니저 · 피오

피디자이너 · 토피어리디자이너 · 쇼콜라티에

▶▶ 과학 · 정보통신

안드로이드로봇공학자 · 증강현실엔지니어 · 휴대폰애플리케이션개발

자 · RFID시스템개발자 · 사이버범죄수사관 · 국장과학연구원 · 시계부품

개발자 · 모바일커스터머서포트엔지니어 · 로봇공학기술자 · 거짓말탐지검

사관 · 도청탐지전문가 · 국가사이버안전요원 · 국제범죄전문가 · 대테러전

문가 · 휴대폰디자이너 · 카테고리매니저 · 애드마스터 · e-sports맵제작

자 · 산업보안전문가 · 몽타주제작자 · 유전자감식연구원 · ITS연구원 · 위

폐감식전문가 · 모바일게임QA전문가 · 화재감식전문가

▶▶ 보건의료 · 교육

안내견훈련사 · 페도티스트 · 음성언어치료사 · 중독치료전문가 · 한국어

교사 · 결혼이민자 통번역지원사 · 다문화 언어지도사 · 의료관광코디네이

터 · 바이오의약품연구원 · 성문화교육전문가 · 사회복지사 · 사이처 · 원예

치료사 · 베이비시터/실버시터 · 독서치료사 · 장기이식코디네이터 · 음악

치료사 · 병원코디네이터 · 미술치료사 · 노인전문간호사 · 놀이치료사 · 학

습매니저 · 임상연구코디네이터 · 점역사 · 두피모발관리사

▶▶ 문화 · 예술 · 스포츠

도로교통안전진단사 · 국제축구심판 · 교통심리전문가 · 모델러 · 익스테리어디자이너 · 건설코디네이터 · 분수설계디자이너 · 미디어파사드디자이너 · 조명디자이너 · 스포츠에이전트 · 독립큐레이터 · 아트토이디렉터 · 자유기고가 · 디지털사진편집전문가 · 페인팅아티스트 · 미술품스페셜리스트 · 창작애니메이션기획자 · 카오디오인스톨러 · 레이싱 미캐닉 · 비디오분석관 · 스포츠 기록분석연구원 · 연극놀이강사 · 그래피티아티스트 · 비보이(비걸) · 슈가크래프터 · 예술제본가 · 포크아티스트 · 서비스(CS)강사 · 카지노딜러 · 마필관리사 · 경마기수 · 문화재보존전문가 · 이종격투기선수 · 요가지도자 · 프로골퍼 · 레이싱모델 · 자동차경주선수 · 테크니컬라이터 · 속옷디자이너 · 인터넷소설가 · 플로리스트 · 테마파크디자이너 · 컬러리스트 · 휴대전화벨소리제작자 · 캐릭터디자이너 · 스킨아티스트 · 하우스매니저

▶▶ 경영 · 금융 · 보안

아이디어컨설턴트 · 펀드레이저 · CSR컨설턴트 · 프로파일러 · 피해자 심리전문요원 · 온라인광고기획자 · 경력관리전문가 · 리더십스타일리스트 · 입학사정관 · 키워드에디터 · 검색기획전문가 · 문화마케터 · 펀드애널리스트 · HCI컨설턴트 · 기상컨설턴트 · 보호관찰관 · 부사관 · 텔레마케터 · 펀

드매니저 · 해외여행기획자 · 커리어코치 · 미스터리샤퍼 · 네이미스트 · 이미지컨설턴트 · 프레젠테이션컨설턴트 · 부동산펀드매니저 · 개인자산관리사 · 창업컨설턴트

▶▶ 방송 · 이벤트

불꽃연출가 · 버블리스트 · 퍼핏애니메이터 · 폴리아티스트 · 메이킹필름제작자 · 영화예고편제작자 · 스타일리스트 · 쇼핑호스트 · 안경디자이너 · 신발디자이너 · 보석감정사 · 마술사 · 동물조련사 · 게임프로듀서 · 게임자키 · 비디오자키 · 특수분장사 · 웨딩플래너 · 커플매니저 · 전시기획자 · 게임방송해설가 · 비디오저널리스트

▶▶ 녹색직업 · 기타

온라인전기자동차연구원 · 생태어메니티전문가 · 친환경병충해방제연구원 · 폐기물에너지화연구원 · 화석연료청정화연구원 · 장례지도사 · 장제사 · 도선사

17살 정인(백석고)이는 학교 수업 끝을 알리는 종이 울리는 오후 4시30분, 교실 문을 박차고 나와 있는 힘껏 달리기 시작한다. 20분에 한 대씩 있는 버스를 타기 위해서다. 혹여라도 버스를 놓쳤다간 연습시간이 그만큼 줄어드는 끔찍한(?) 사태가 일어난다. 음악이 무엇보다 소중한 정인이에겐 있을 수 없는 일. 그렇기에 무슨 일이 있어도 5시 30분까지 학원에 도착해 밤 11시가 넘도록 연습에 매진한다. 오늘도 간신히 버스를 탄 정인이는 긴 숨을 돌린다. 톱니바퀴처럼 반복된 생활이 벌써 1년째다. 하지만 정인이는 이런 생활이 고되지 않다고 말한다. 자신이 진정 하고 싶었던 일을 하기 때문이다.

"부모님 허락을 받는 데에만 1년이 걸렸어요. 처음에는 부모님이 음악 하는 것 자체를 반대하셨는데 그래도 지금은 부모님이 제 노력을 보고 믿어 주시니까 다행 아닌가요? 꼭 훌륭한 보컬 트레이너가 되고 싶고 기회가 된다면 가수가 되고 싶어요."

1년여를 악착같이 노래한 덕분에, 완고하게 '가수'는 절대 안 된다던 부모님도 뜻을 꺾었다. 그렇기에 정인이는 지금 이 순간이 행복하다. 6시간여의 노래 연습을 끝마치고 집으로 돌아오면 밤 12시, 졸린 눈을 비비며 목이 상하지 않기 위해 침대에 누워 복식 호흡을 하는 것으로 하루를 마무리한다. 내신에도 신경써야 하기 때문에 몇 시간 잠도 청하지 못하고 다음 날 새벽 학교로 간다. 규칙적이고 반복된 생활은 여느 일반 수험생 못지않아 보였다. 정인이의 꿈은 구체적이다. 막연히 가수를 바라지 않는다. 보컬 트레이너가 되는 것이 1차 목표고 기회가 된다면 가수로 활동하고 싶다고 한다. 그런 꿈을 위해 힘든 연습도 마다하지 않고 반복된 생활을 이어 가고 있다. 그래서일까? 정인이는 가수 지망생은 흔히 '날라리', '문제아'일 것이라는 세상의 편견에 대해 당차게 반박한다.

"가수 지망생이 날라리라고요? 이보다 힘든 일도 없을 거예요. 중학교 때 잘 모르는 아이들이 제가 가수 지망생을 한다니까, 너 공부 지지리도 못하나 봐? 이런 말을 하더라고요. 선생님들도 네가 왜 그런 것을 하냐고 뭐라 하셨었죠. 하지만 그것은 세상의 편견이라고 생각해요. 가수를 지망하는 것이 나쁜가요? 열심히 노력해서 그 편견을 깨고 싶어요."

가수 지망생 영훈(18, 광성고)이는 고등학교 입학 때까지 전교에서 상위권을 차지할 정도로 우등생이었고 원래 꿈도 교사였다. 그랬던 영훈이에게 가수란 꿈이 운명처럼 다가왔다.

"공부를 하다 보니 아이들끼리 경쟁이 치열했어요. 친구임에도 서로 미워하고 견제하고 그런 경우가 있더라고요. 그래서 마음고생이 심했죠. 그런데 그때 감동적인 음악을 듣게 되었어요. 성시경의 〈넌 감동이었어〉였는데, 당시 노래를 들은 제 마음도 감동이었죠. (웃음) 그처럼 감동을 주는 음악을 하고 싶어서 가수를 지망하게 됐는데 다행히 부모님께서 믿어 주셨죠."

갑작스럽게 꿈꾼 가수, 하지만 영훈이의 가수 지망생 생활은 쉽지 않았다. 음역대가 높지 않아 부를 수 있는 노래가 거의 없었던 것이다. 하지만 영훈이는 포기하지 않고 도전했고 결국 소기의 성과를 거둘 수 있었다. 최근 큰 인기를 끌고 있는 '장기하와 얼굴들'의 〈싸구려 커피〉를 많은 연습 끝에 완벽하게 불러 낸 것이다. 결국 영훈이는 인천 청소년 가요제에서 동상을 탈 수 있었다. 꿈을 향해 쉼 없이 전진하는 정인이와 영훈이는 푸른 청소년의 전형처럼 보였다.

음악 시장의 커짐에 따라 가수뿐만 아니라 보컬 강사 등 다양한 진로를 모색하고 있어 청소년들의 꿈을 향한 선택의 폭은 차차 넓어지고 있는 추세다.

하지만 가수를 지망하는 것에 대한 사회의 편견이 남아 있기 때문에 그를 이겨내는 것은 결코 쉬운 일이 아니다. 그렇기 때문에 가수 지망생들은 남다른 열정으로 편견에 맞서야 한다. 보컬 전문 학원을 운영하는 조영기(32, M2 보컬 아카데미 원장) 씨는 가수 지망생 청소년들을 다음과 같이 평가한다.

"요즘 학생들은 구체적인 꿈을 가지고 있지 않은 경우가 많아요. 꿈을 위해 노력이나 투자는 하지 않고 막연하게 생각만 하는 게 요즘 아이들의 모습이죠. 하지만, 실용 음악을 지망하는 학생들은 스스로 부모를 설득하는 만큼 열정이 남다릅니다. 문 닫는 시간까지 남아 연습하는 아이들이 많은 것만 봐도 잘 알 수 있지요"

(「가수지망생은 모두 날라리? 내 삶도 모르면서」, 「오마이뉴스」, 2009년 11월 30일)

동물 관련 학과가 있는 대학교를 알고 싶어요

질문

저는 중학생입니다. 동물과 관련된 과가 있는 대학교에 가고 싶어요.

서울이나 경기도에 있는 학교에 가야 하고요.

동물과 관련된 과 찾기가 힘들어서 여쭤 봅니다.^^;

제가 원하는 과가 있는 서울, 경기도에 있는 대학교 모두 알려 주세요.

학과에 대한 자세한 정보도 함께요. (주영)

답변

커리어넷 학과 정보 메뉴를 활용하세요

안녕하세요, 주영 님.

주영 님은 동물에 대한 관심이 많은 친구인가 봐요. 중학생 친구들 중에는 자신의 적성과 흥미를 파악하지 못해 고민하는 경우가 적지 않은

데, 흥미를 느끼는 분야를 분명히 알고 더 나아가 꿈을 이루기 위해 대학 입학 정보까지 수집하고 있는 주영 님이 정말 성숙하게 느껴집니다.

그럼 동물 관련 학과에 대한 정보 수집 방법을 함께 알아볼까요?

• **경로** | 커리어넷(www.career.go.kr) ⋯ 미래의 직업 세계 ⋯ 학과 정보 ⋯ 대학교 학과 정보

학과명 검색창에 '동물'을 입력하고 계열은 전체를 클릭하면 관련 학과가 모두 제시됩니다.

동물자원학과

특수동물학과, 애완동물자원학과, 동물바이오시스템과학과, 동물소재공학과, 동물자원학과, 동물생명자원학부, 동물생명자원학부 동물자원 전공, 동물생명자원학부 생명공학 전공, 동물식품응용과학과, 동물생명공학과, 동물생명과학과, 동물자원학부, 동물생명과학부, 동물생산 · 환경학전공, 동물자원과학과, 동물자원학전공, 생명자원공학부 동물생명공학 전공, 동물생명시스템학과, 동물생명환경과학과, 동물자원생명과학과, 생명자원공학부, 애완동물학과

생명공학과

생명공학과, 생명정보학과, 바이오및뇌공학과, 동물생명공학 전공, 바이오산업응용학과, 의생명공학과, 농생명공학계열, 바이오소재공학전공, 의료생명공학과, 바이오나노학과, 바이오소재과학과, 생명건강공학과, 생명나노공학과, 생명환경공학과, 생물자원공학전공, 생체의공학과, 시스템면역과학과, 식량생명공학과, 응용생명공학전공, 화공생명공학과, 분자생명공학과, 미생물생명학과, 분자생명공학 전공, 분자생명과학 전공, 생명시스템대학 생명공학, 생체공학 전공 응용생물공학부, 환경생명공학과, 해양생명공학과, 환경생명공학과, 생명공학 전공, 바이오학부, 생명공학부, 생명과학부, 생명과학부 생명공학 전공, 생명환경공학부, 의약생명공학부

애완동물과

애견미용관리과, 애완동물과, 애완동물관리과, 동물관리과, 애완동물관리 전공, 애완동물 전공, 애견미용케어과, 애완동물미용학부, 애완동물미용패션 전공, 동물간호 전공, 동물조련이벤트과

자원동물산업과

자원동물산업과, 동물과학과, 관광생명자원과, 동물생명산업과, 말산업과, 바이오동물 전공, 의생명동물과, 동물보호계열

제가 검색해 보니 동물자원학과, 생명공학과, 애완동물과, 자원동물산업과, 축산학과 등이 있네요.

여기서 관심이 있는 학과명을 클릭하면 학과에 대한 소개(교육 목표, 주요 교과목, 학과 전망, 취업 분야, 학생 수, 졸업 후 현황, 졸업 후 진로)뿐만 아니라 전국의 개설 대학 목록(소재지와 함께)이 제공됩니다. 현재 주영 님이 관심을 가지고 있는 것은 개설 대학에 대한 정보이지만 관심 학과에 대한 상세 정보를 알아 둔다면 앞으로 자신의 진로를 펼쳐 나가는 데 있어 많은 도움이 되겠지요?

동물자원학과를 검색하면 어떤 내용이 소개되는지 알아볼까요?

❶ 학과 개요

동물자원학은 인류의 식량 자원이며, 생활 환경을 조성하는 데 필수적 요소로 최근 생명공학 분야에서 각광을 받고 있습니다. 최근에는 동물 산업의 대상이 소, 돼지, 닭 등의 주요 축종에서 각종 야생동물, 어류, 실험동물 및 애완동물로까지 확대되고 있습니다. 특히 이 분야에서는 시설이 자동화되고 유전공학적인 기법에 의해 생산성이 증가됐으며 새로운 기능성 물질을 만들어 내기 위한 여러 방법을 탐색하게 되었어요. 동물 관련 산업과 학문의 영역이 날로 넓어지고 전문화되고 있다는 것을 알 수 있죠. 동물자원학과는 동물자원의 개발과 생산, 관리 및 이용에 관한 기본지식을 습득하게 함으로써 생명과학지식을 기르고 이론과 현장적응능력을 두루 갖춘 전문가 양성에 교육 목표를 두고 있습니다.

❷ 주요 교과목

▶▶ 번식학

가축번식학은 가축의 개량, 증식에 크게 이바지하였습니다. 최근에는 임신이 어려운 부부들을 위한 시험관아기의 탄생 과정과 가축의 수정란 이식, 체외수정, 수정란의 미세 조작에 의한 인위적 쌍둥이 생산, 이종간의 접합체 생산, 복제 동물 생산 및 유전자조작에 의한 유전공학적 연구에 공헌하였습니다. 미래의 힘은 바로 생명공학에 있다고도 하는데 BT(Bio Technology)를 이끌어 갈 능력의 기초가 바로 번식학입니다.

▶▶ 영양학

영양소를 섭취하고 소화, 흡수, 운반, 이용, 배설하는 전 과정을 이해하고 건강과 질병에 대한 식품, 영양소, 물질이 생성되고 분해되는 과정에서의 상호작용 및 균형에 대한 과학적인 지식을 배웁니다.

▶▶ 초지학

초지학은 국민소득 향상으로 사육하는 가축의 수가 증가하면서 함께 늘어 가고 있는 수입 사료 대신에 품질이 우수한 풀을 길러 사료로 생산하는 과정을 다루는 학문입니다. 건강한 가축 사육의 기틀을 이루어 국민 건강상 복지에 기여하고 유휴경작지 및 산지의 효율적인 개발과 이용으로 농업과 환경의 조화를 이루는 법을 연구하지요. 뿐만 아니라 축산으로 발생되는 폐기물과 각종 유기성 폐자원을 효과적인 방법으로 처리하여 가축사료, 퇴비 및 원예용 씨앗을 뿌려 모종을 끼울 때 쓰는 인공 토양 등에 재활용하기도 합니다.

▶▶ 축산가공학

미생물에 의한 식육의 변질을 방지하고, 미생물 억제에 의한 보존에 대해서 연구합니다. 따라서 냉장 기술의 발달과 그의 일반화로 식육 특유의 풍미와 영양을 그대로 간직한 제품을 만들 수 있게 됐지요. 축산가공학은 식육의 가공과 관련해서 간편한 햄, 소시지, 베이컨, 통조림 등 현대 영양 식품에 대해 연구합니다.

❸ 개설 대학

개설 대학 목록을 찾으면 아래와 같습니다.

지역	대학명	학과명
서울특별시	건국대학교(서울캠퍼스)	동물생명과학부
	삼육대학교	동물자원학전공
대전광역시	충남대학교	동물바이오시스템과학과
		동물자원생명과학과
광주광역시	전남대학교(광주캠퍼스)	동물자원학부
경기도	중앙대학교(안성캠퍼스)	생명자원공학부
		생명자원공학부(동물생명공학전공)
	한경대학교	동물생명환경과학과
강원도	강원대학교	동물생명공학과
		동물생명시스템학과

또한 학교명을 클릭하면 학교의 홈페이지로 링크되니 그곳의 입시 안내 메뉴에서 학생 선발 방법을 확인하여 입시 준비에 적극 활용하세요.

여기서 한 가지 알려 드릴 것은 진로 결정의 순서는 학과−직업이 아니라 직업−학과라는 점입니다. 자신이 하고자 하는 직업이 무엇이냐에 따라 학과가 달라질 수 있으니까요. 물론 주영 님이 동물을 좋아하므로 넓은 기준에서는 한정이 됐지만 동물 관련 직업에도 동물조련사, 수의사, 애완동물 미용사 등으로 나누어지고, 직업에 따라 당연히 학과는 달라집니다. 자신이 목표로 하는 직업을 준비하기 위한 과정으로써 학과를 선택할 때 학과 공부도 더 열심히 할 수 있고, 자신이 원하는 직업을 갖는 데 있어서도 더 유리하다는 점을 꼭 기억하세요.

또한 아직 중학생인 주영 님은 동물 관련 직업 외에 좀 더 폭넓은 진로 탐색이 필요한 단계이니 이를 위해 커리어넷(www.career.go.kr) 사이트의 '아로플러스(자세한 내용은 34~36쪽을 참고하세요)'를 실시하면 자신의 적성, 흥미, 가치관에 적합한 직업을 찾을 수 있습니다. 시간을 내어 꼭 시도해 보기 바랍니다.

학과 정보 동영상으로 알아보기

- **경로** | 워크넷(www.work.go.kr) ⋯➤ 직업·진로 ⋯➤ 직업·취업·학과 동영상
  ⋯➤ 학과 정보 영상

중·고등학생을 위한 학과 정보 동영상으로 인문, 사회, 교육, 자연, 공학, 의학, 예체능 등 총 7개 대학 계열 정보와 각 계열에 따른 34개 학과의 정보를 담고 있습니다. 동영상에는 각 계열별 정의와 특성, 세부 학과, 진출 분야 및 직업, 요구 능력 및 지식, 취득 자격 등에 관한 정보를 비롯해 해당 학과의 교수, 재학생, 졸업생 등이 인터뷰가 담겨져 있습니다.

중학생인데요, 고등학교에 대한 정보를 알고 싶어요

질문

저는 지금 중3인 학생입니다.

제가 상담받고 싶은 건 고등학교 진학 때문인데요.

저희 집 주변에 딱히 좋은 고등학교가 없습니다. 즉 그 학교들에는 소위 말하는 명문대에 가는 학생이 많지 않다는 거죠. 그래서 저희 부모님도 걱정하고 계십니다. 부모님은 고등학교에서 꽉 잡아 주기를 바라시고, 저도 같은 생각이에요. 다른 지역이라도 기숙사 고등학교를 생각하고 있는데 우리나라에 어떤 학교가 있는지도 잘 모르겠고요. 또 간다면 어느 고등학교로 가는 것이 좋을지도 모르겠습니다. 제 성적에 맞추어서 갈 수준은 어느 정도인가요? (전교생 430여 명 중 30퍼센트 안에 들어요.) 저는 외고 쪽으로도 생각해 보았습니다만 엄마는 익산고등학교로 갈 생각하라고 하시더라구요. 근데 익산고등학교가 특성화고라고 하는데 통 어떤 학교인지 알 수가 없어서요. 그냥 일반 기숙사 고등학교도 좀 알려 주세요. (유정)

고입과 관련된 인터넷 사이트를 적극 활용하세요

안녕하세요, 유정 님.

고등학교 진학을 앞두고 학교 선택에 대한 고민 때문에 이렇게 상담을 청했군요. 다양한 종류의 학교, 학교마다 서로 다른 특성 등 여러 가지를 고려하다 보면 정말 혼란스럽지요. 더군다나 지금까지 학교 선택에 대한 경험도 없어서 이 결정의 영향력이 엄청 클 거라고 생각하면 더욱 불안하고 막막할 것 같네요. 자, 그럼 한 가지씩 알아볼까요?

❶ 고등학교 입학 관련 정보 찾기

교육과학기술부에서 운영하는 고입정보포털사이트(www.hischool.go.kr)를 통해 고등학교 유형 및 입시 절차에 대한 다양한 정보를 수집할 수 있습니다. 주요 메뉴는 다음과 같습니다.

메뉴	하위 메뉴 및 주요 내용
고교 정보	고등학교 구분–고등학교 유형별(일반고, 특성화고, 특목고, 자율고) 개요 소개
	학교 정보 조회–지역 단위, 전국 단위별 모집 학교를 지도에서 검색할 수 있음
입시 정보	입시 일정 및 절차–일반고, 특성화고, 특목고, 자율고별 입시 일정 및 절차 소개
	시도별 입시 전형–16개 시도별 입시 전형 검색 가능
	진학 자료–기숙형고등학교, 자율고, 특성화고에 대한 자세한 소개 자료를 다운받을 수 있음
자기주도학습 전형	자기주도학습 전형–전형 방법과 시행 고교 안내
	자기주도학습–자기주도학습 개요, 자기주도학습자 특징, 자기주도학습자 되는 방법 소개
질문과 답변	고입 관련하여 궁금한 내용에 대해 질의할 수 있음

아울러 아래 내용은 현행 고등학교 유형표인데 고등학교 유형에 대한 전반적인 내용을 파악하는 데 활용하기 바랍니다.

구분		일반고	특목고				특성화고		자율고	
			과학고	외국어고/국제고	예술고/체육고	마이스터고	특성(직업)	체험(대안)	자율형사립고	자율형공립고
개요	목적	·중학교 교육 기초 위에 중등교육 실시	·과학인재 양성	·외국어에 능숙한 인재양성 (외국어고)/ 국제전문 인재양성 (국제고)	·예술인 양성 (예술고) ·체육인 양성 (체육고)	전문적인 직업교육 위한 맞춤형 교육과정 운영	소질과 적성 및 능력이 유사한 학생을 대상으로 특정 분야인 재양성	자연현장 실습 등 체험 위주 교육	학교별 다양한 교육실시, 사립 학교의 자율성 확보	교육 과정, 학사 운영 자율성 제고 및 전인교육 구현
	현황	1,299교	18교 ('11년 19교)	·외고 (33개교) ·국제고 (4개교)	40교 (예술 25/ 체육 15)	21교	670교	23교	50교	58교
학생선발	모집단위	지역/광역 단위	광역단위	광역단위	전국단위	전국단위	광역/전국 단위	광역/전국 단위	광역단위	광역단위
	입학전형	·평준화: 추첨· 배정 ·비평준화: 내신+ 선발고사	자기주도 학습전형 +과학 창의성 전형	자기주도 학습전형	내신, 면접, 실기 등	내신, 면접, 실기 등	내신, 면접, 실기 등	내신, 면접, 실기 등	평준화- 추 첨 등 (내신성적 반영) 비평준화- 자기주도 학습 전형 (필기고사 금지)	평준화- 선지원 후추첨 비평준화- 학교 자율 (필기고사 금지)
	사회적 배려 대상자	–	자기주도 학습전형 의 20%	20% (사립학교는 연차적 확대)	–	–	–	–	모집 정원의 20%	–
교육과정 (2009 개정교육 과정 기준)		필수이수 단위 116단위	·필수이수 단위 72단위 ·전문교과 80단위 이상	·필수이수 단위 72단위 ·전문교과 80단위 이상	·필수이수 단위 72단위 ·전문교과 80단위 이상	·예술고· 체육고와 동일 (학교별 교육과정 자율운영 가능)	·필수이수 단위 72단위 ·전문교과 80단위 이상	·필수이수 단위 72단위 (시·도 지침으로 조정 가능)	·필수이수 단위 58단위 이상 ·교과군별 이수단위 준수의무 없음	·필수이수 단위 72단위 ·교과군별 이수 단위 50% 증감

교과부 (2010년 12월 기준)

❷ 개별 고등학교에 대한 정보 찾기

개별 고등학교에 대한 정보 수집에는 학교알리미(www.schoolinfo. go.kr) 사이트가 매우 유용합니다. 이 사이트에서는 초등학교, 중학교, 고등학교에 대해 공시항목별로 정보를 제공하고 있습니다. 주요 지표에는 졸업생 진로 및 장학금 수혜 현황, 동아리 활동 및 방과후 활동, 국가수준 학업성취도 사항, 학교 시설 등이 있습니다.

❸ 고등학교 정보 찾기

커리어넷(www.career.go.kr) 사이트 미래의 직업 세계 ⋯ 학교 정보 ⋯ 고등학교 메뉴에 가면 자신이 원하는 학교를 지역별, 학교유형별로 검색할 수 있습니다. 이렇게 자신이 원하는 고등학교를 찾으면 바로 홈페이지로 링크되어 학교 특성에 대한 정보를 수집할 수 있으니 적극 활용하기 바랍니다. 더 자세한 정보는 전화 문의를 통해 알아볼 수 있지요.

❹ 기숙사 있는 학교 알아보기

교육과학기술부에서 운영하는 기숙형고등학교 사이트와 주요 메뉴를 안내해 드립니다.

주요 메뉴	세부 내용
기숙형고교 소개	• 기숙형고교란 • 기숙형고교 명단 • 기숙형고교 추진 현황
학교별 정보	• 입학 정보 • 기숙사 정보 • 학교별 홈페이지
문의처 : 02-2100-6456	

기숙형고등학교(www.dormschool.or.kr)

모든 학교 선택에는 장단점이 있습니다.

학교 선택에 있어 완벽한 정답을 찾겠다는 마음이 오히려 마음을 불안하게 하고 결정의 걸림돌이 되는 것은 아닐까요? 모든 학교 선택에는 장단점이 있습니다. 예를 들어 성적 경쟁이 치열한 학교에 가면 긴장감을 가지고 학업에 임하여 실력 향상에는 도움이 되나 정신적인 스트레스가 크겠지요. 반대로 경쟁이 심하지 않은 학교라면 편안한 분위기 속에서 스트레스를 덜 받고 공부할 수는 있지만 실력 향상에는 불리할 수 있습니다. 일단 정확한 정보 수집을 하며 결정에 최선을 다하되 어떤 결정을 하든지 장점이 있으므로 이를 잘 살리면 된다고 생각하면 좀 더 편안한 마음으로 선택에 임할 수 있을 것입니다.

최종 직업 목표를 고등학교 선택 기준에 포함시키십시오.

고등학교 선택은 거기서 끝나는 것이 아니라 대학 및 학과 선택 그리고 직업 선택으로 이어지는 과정의 중간 단계입니다. 따라서 고등학교 선택에 있어 최종 직업 목표와 관련 학과, 목표 대학 등이 결정되면 좀 더 합리적인 선택을 할 수 있습니다. 직업 목표가 분명해지면 자연스럽게 관련 학과가 떠오르고 그 목표를 이루기 위해 유리한 고등학교가 어디안지를 생각해 보면 고교 결정 과정이 좀 더 합리적이 될 수 있으니까요.

전문 직업 교육을 위한 마이스터고등학교

실무 능력을 갖춰 고교 졸업 후 꼭 취업하겠다는 학생은 산업 수요 맞춤형 고등학교 '마이스터고등학교'를 주목하세요.

• 개요 | 마이스터고는 구체적으로 '전문적인 직업 교육의 발전을 위하여 산업계의 수요에 직접 연계된 맞춤형 교육 과정 운영을 목적으로 하는 고등학교'로 제시되어 있습니다. (www.meister.go.kr)

• 특성
– 교장공모제로 학교장의 책임 있는 학교 운영을 보장함.
– 현장 기능장을 교장·교원으로 임용해 기업에서 요구하는 교육 및 실습 등을 운영함.
– 우수한 산업 인력 양성을 위해 산업 현장에서 필요한 교육 내용을 교육 과정으로 개발하여 운영함.
– 해외 연수·취업이 가능하도록 현지 외국인 교사 등을 초빙하여 실무 외국어 교육을 제공함.
– 교사와 학생 간의 원활한 상호 작용과 체험 중심의 수업 등을 운영하기 위해 1학급당 학생 인원을 20명 내외로 구성함.
– 실습 시간에는 산업체 수준에 맞춘 시설·기자재를 활용하여 수업을 진행함.

• 학생 선발 방법 | 학교마다 다르므로 위 사이트에서 학교 목록을 확인한 후 학교별로 확인해야 함.

과학, 예술, 체육 쪽에 흥미는 있으나 특목고가 부담스러운 학생은 '중점학교'를 주목하세요.

❶ 과학중점학교

• 주요 대상 학생

과학에 대한 적성과 흥미는 있으나 과학고등학교에 입학할 정도의 실력은 부족한 학생

• 특성

과학중점고등학교는 우리나라 고등학교의 형태 중 하나로, 수학·과학 교육을 집중적으로 진행하는 고등학교이다. 과학고는 아니지만 적어도 과학실 4개와 수학 교실 2개를 갖춰 심도 있는 수업이 가능하다. 과학고등학교 학생들은 수학, 과학 수업 단위가 60%이고, 일반계 고등학교는 30%, 과학중점 고등학교 학생들은 45% 정도이다. 과학중점고등학교 학생들은 1학년 때 연간 60시간 이상의 과학 체험 활동과 함께 한국과학창의재단에서 제작한 과학 교양, 과학 융합 과목을 추가로 이수하게 된다. 2학년 때부터는 과정에 따라 실험, 탐구 중심의 교육을 받는다. 과학중점학교는 자율학교로 지정되어 시설비로 5억 원, 매년 1억 5천만 원씩 운영비를 지원받는다.

• 학생 선발 방법

선지원 후추첨 방식으로 학생을 선발하며 일반계고 형태로 입학함. 대상 학교 및 구체적인 선발 방법은 각 시도 교육청을 통해 확인할 수 있음.

❷ 예술 · 체육중점학교

• 주요 대상 학생

예술과 체육에 대한 흥미는 있지만 예체능 특목고를 가기에 실력이 다소 부족하거나 가정 형편이 어려운 학생

• 특성

일반 중 · 고등학교 학생 중 예술 · 체육에 소질과 적성이 있는 학생들에게 특성화된 교육을 실시하기 위하여 예술 · 체육 중점 과정(중학교는 24%, 고등학교는 31~55%)을 설치(학년당 2학급 규모)하고 운영하는 학교다. 음악, 미술, 체육, 공연 · 영상 등 4개 분야가 있음. 분야별 특성화된 교육 과정을 통하여 예술 · 체육 분야를 전공하거나, 이 분야의 소질과 적성을 계발하고자 하는 학생들에게 심화된 교육을 제공함. 시설비로 학교당 2억 원, 운영비로 학급당 2,500만 원이 5년 동안 지원됨. 예술 · 체육에 관심과 흥미가 있었으나 일반 학교의 교육 과정 · 시설 · 관심의 부족으로 예술 · 체육 분야의 심화 교육에서 소외되었던 학생들에게 교육기회가 확대되어 사교육비 경감 효과를 기대할 수 있음.

• 학생 선발 방법

선지원 후추첨 방식으로 학생을 선발하며 일반계고 형태로 입학함. 대상 학교 및 구체적인 선발 방법은 각 시도 교육청을 통해 확인할 수 있음.

대학교에 대한 정보와
선택방법을 알고 싶어요

질문

안녕하세요!

저는 연극 쪽으로 대학을 가려고 합니다. 그래서 연극과가 있는 대학교들을 알고 싶어요.

어느 대학이 어떤 점이 좋은지, 각 학교들에 대한 자세한 정보들을 잘 알지 못해서 어디를 가야 좋을지 고민을 하고 있어요.

여러 학교들 중에서 인지도가 높고 좋은 학교들을 추천해 주셨으면 하고요. 그리고 등록금은 각각 얼마씩 하는지도 궁금합니다. 예술 쪽이라 등록금이 많이 들거든요.

또 여러 대학 중 진학할 대학을 어떻게 선택해야 할까요? (미나)

대학 알리미와 대학입학정보 사이트를 적극 활용하세요

연극과 관련하여 대학교 선택 때문에 고민하고 있군요.

여러 전공들 중에서 하나의 전공을 선택하기도 쉽지 않은 일인데, 수많은 대학교 중에서 하나를 결정하기는 정말 막막하지요?

적지 않은 학생들이 학교를 선택할 때 무조건 유명 대학을 선호하는 데 비해 이렇게 자세하고 정확한 정보를 바탕으로 학교 선택을 하고자 하는 자세는 참으로 성숙하게 느껴집니다. 자신이 가고자 하는 대학에 대해 자세하고 정확한 정보를 수집하는 것은 입학 후 자신이 원하는 학교가 아니었다는 것을 알고 엄청 후회하는 일을 미리 방지할 수 있는 아주 현명한 방법이지요. 특히 등록금이 많이 부담되는 상황에서 미리 등록금에 대한 정보를 파악하고 이를 최종 선택에 적극 반영하고자 하는 것은 무엇보다 합리적인 태도라고 생각합니다.

또한 현재 무려 3000개가 넘는 대학 입시 전형 유형이 있는 상황에서 자신이 원하는 대학교를 미리 정해 놓으면 지금부터 입학을 위해 내신, 수능, 실기, 서류 등 맞춤형 준비를 할 수 있다는 점에서도 매우 바람직한 태도라고 할 수 있습니다.

자, 그럼 대학에 대한 정보 탐색 방법을 알아볼까요?

전공 관련 대학 목록 찾기

전공 관련 대학을 찾을 때에는 커리어넷 사이트를 활용하세요.

• 경로 | 커리어넷(www.career.go.kr) ⋯▶ 미래의 직업 세계 ⋯▶ 학과 정보 ⋯▶ 대학교 학과 정보−학과명 검색

여기서 학과에 '연극'을 입력한 후 버튼을 누르면 다음과 같이 연극 영화과, 연극영화학과, 연극학과 등이 검색되는데 여기서 연극영화과 는 2, 3년제 대학에, 연극영화학과는 4년제 대학에 편성되어 있습니다.

이 중에서 학과명 하나를 클릭하면 개설 대학 목록과 함께 학과 개요 (세부관련 학과, 관련직업, 관련자격, 학과개요, 공부하는 주요 교과목), 학과 전망, 학과 인터뷰 등의 정보가 소개되니, 하나씩 들어가서 꼼꼼하게 확인해 보기 바랍니다.

개설 대학 목록 중 관심 있는 대학을 하나 선택하여 클릭하면 그 학 교의 홈페이지로 링크되고 홈페이지의 입학 메뉴를 선택하면 학생 선 발 방법에 대한 자세한 안내가 되어 있으니, 이를 진학 준비에 적극 활 용하기 바랍니다. 그리고 게시판이나 전화 상담을 통해 입학 가능 성 적, 장학금 등 궁금한 내용을 문의해 보기 바랍니다.

또한 학교별 합격 커트라인에 대해서는 담임선생님이나 진로 · 진

대학교

연극	검색	나의 관심학과 +

전공계열	조건검색

☐ 전체 ☐ 인문계열 ☐ 사회계열 ☐ 교육계열 ☐ 공학계열 ☐ 자연계열 ☐ 의약계열 ☐ 예체능계열

계열안내 ❗ ✓ 선택검색 결과보기

키워드검색결과 : '연극'에 대한 학과명이 **7**건이 검색되었습니다.

연극영화과 [예체능] 📹 🎭 취업률 〉 40% 미만 | 첫 직장 임금 〉 130만 원 미만

연극영화과는 올바른 인간정신에 대한 탐구를 바탕으로 능동적이고 창의적인 연극영화 관련전문인을 양성하고자 합니다.
관련 학과 : 연기전공, 공연연기과, 연극과, 연극영상과, 연극영화방송예술학부, 연기과, 영화방송과, 영화예술학과

연극영화학과 [예체능] 📹 🎭 취업률 〉 40% 미만 | 첫 직장 임금 〉 130만 원 미만

연극영화과는 공연예술로서 미래지향적인 연극과, 비디오 예술의 차원까지 포함한 영화에 대하여 연구하여 극예술 분야의 발전을
도모하는 학과입니다.
관련 학과 : 연극영화학전공, 영상영화전공, 방송연예학부, 연기전공 연극영화학과, 방송연예전공, 영화전공, 연기예술학전공, 영화영
상전공, 모델과, 연기과, 공연엔터테인먼트학과, 공연영상창작학부(영화전공), 공연영화학부, 미디어영상연기학과, 방송
공연예술학과, 방송연기학과, 방송연예학과, 액션영화학과, 엔터테인먼트학과, 연극영화학과, 연기예술과, 연기학과, 영
상연예학과, 영상이론과, 영화영상학과, 영화예술학과, 영화학과, 방송연예과, 영화과, 연극영화전공, 영화·뮤지컬학부
영화전공

학상담 선생님과 논의를 해 보는 것도 좋습니다. 담임선생님은 예년의 대학, 학과별 합격 점수에 대한 다양한 자료를 갖고 계신다는 것, 알고 있죠?

대학 입학 정보 및 입시 상담 관련 사이트

대입 제도 전반에 관한 사항, 모집 시기, 전형 분류, 선발 모형, 입학 사정관제 등에 대한 정보 수집을 위해서는 대학입학정보 사이트(univ. kcue.or.kr)를 활용하기 바랍니다.

등록금, 취업률 등 대학별 상세 정보 찾기

각 대학에 대한 상세 정보 수집을 위해서는 대학 알리미(www.academyinfo.go.kr) 사이트를 활용할 수 있습니다. 교육과학기술부에서 주요 지표 즉, 취업률, 등록금 현황, 중도 탈락 학생 비율 등, 각 대학교의 자료를 수집해 공개하고 있기 때문에 학교별로 좀 더 객관적인 비교가 가능합니다.

대학 학자금 대출 및 장학금 정보 찾기

대학 등록금이 부족할 경우 해결할 수 있는 방법은 학자금 대출을 받거나 장학금을 받는 것입니다. 이에 대한 정보를 찾을 수 있는 사이트인 한국장학재단을 안내해 드릴게요.

한국장학재단은 국가 장학 기금을 효율적으로 운영하여 맞춤형 학자금 지원 체제를 구축해 경제적 여건에 관계없이 누구나 의지와 능력에 따라 고등교육 기회를 가질 수 있도록 지원하는 준정부기관입니다. '든든학자금' 등 학자금을 대출해 주고 국가장학금 사무를 집행하고 있습니다. 전화 상담도 실시하니, 1599-2000번을 활용하여 상담을 받아 보기 바랍니다.(www.kosaf.go.kr ┅→ 학자금대출 안내 ┅→ 장학금 안내)

다음으로 알려 드리고 싶은 것은 학교 선택에는 완벽한 정답이 없다는 점입니다.

옷을 사는 것에 비유해 볼까요? 우리가 옷을 살 때에도 디자인, 색상, 바느질, 옷감의 재질, 가격 등 여러 조건을 고려하지만 모든 조건을 충족하는 딱 맞는 것을 찾기는 어렵지요.

대학도 마찬가지입니다. 등록금, 지역, 전형 방법, 취업률 등을 모두 고려해야 하지만 그중에서 가장 중요한 것을 중심으로 선택하게 되지요. 부족한 요인은 자신의 노력으로 극복하거나 감수하며 미래를 준비할 것입니다.

또한 최종 선택은 자신이 해야 한다는 점도 말하고 싶습니다.

대학 선택을 포함한 진로 결정은 우리가 인생을 살아가면서 맞닥뜨리는 수많은 결정들 중에서도 중요하다고 손꼽히는 순간이므로 어려운 것이 사실입니다. 그렇다고 이것을 누가 대신해 줄 수 있는 것은 아니지요. 내 인생의 주인공은 다름 아닌 나이니까요. 다른 사람의 의견을 참고할 수는 있겠지만, 궁극적으로 당사자인 자신이 결정해야 한다는 점을 잊지 마세요. 물론 결정을 하기 전에 충분히 검토하고 정보를 찾는 자세는 필요하지요.

정보 수집 후에는 학교를 결정하기 위한 '의사결정 비교표'(141쪽)를 활용해 보세요. 즉, 표를 활용하여 위에서 찾은 정보를 가지고 각각 점수를 매겨 총점을 내면 가장 높은 점수를 획득한 곳이 가장 합리적인 대안이라고 할 수 있겠지요.

끝으로 알려 드리고 싶은 것은 모든 선택에는 장단점이 있다는 것입니다. 결점이 전혀 없는 완벽한 선택이란 없다는 것이지요. 따라서 일단 결정을 하기까지는 최선을 다해 정보를 찾고 조언을 구하되 일단 결정이 내려지면 장점을 잘 활용하고 단점을 어떻게 극복할 것인가만을 궁리하는 것이 현명하답니다. 그럼 답변이 도움이 되었기를 바라며, 현명한 판단과 함께 꿈을 향한 힘찬 전진을 기원합니다.

학교를 결정하기 위한 '의사결정 비교표' 작성하기

• 작성법

– 세로에 관심 대학을 적어 보세요.

– 가로 각 항목의 괄호 안에는 자신에게 중요한 항목에 가중치를 두어 괄호 안의 내용을 합쳐서 100점이 될 수 있도록 나누어 보세요. 가로의 빈칸에는 혹시 항목 중에 자신이 중요시하는 것이 빠져 있을 경우 추가하세요.

– 괄호 안의 가중치를 만점으로 하여 각 대학별로 점수를 매긴 후 합계를 계산하세요.

– 합계가 가장 높은 대학이 가장 합리적인 대안이라고 할 수 있습니다.

• 의사결정비교표

– 작성 예

항목 대학	등록금 (30)	취업률 (20)	입학가능 성적 (20)	졸업후 취업분야 (10)	부모님 기대 (10)	학교특성 (5)	인지도 (5)		합계	순위
A대학	25	10	18	5	5	3	3		69	2
B대학	20	15	12	6	5	3	3		64	3
C대학	15	18	15	8	8	5	5		74	1

– 활용해 보기

항목 대학	등록금 ( )	취업률 ( )	입학가능 성적 ( )	졸업후 취업분야 ( )	부모님 기대 ( )	학교특성 ( )	인지도 ( )		합계	순위

3장 의사결정

마음이
하는 말

하고 싶은 일이 너무 많아서
고르기가 힘들어요

저는 공부도 열심히 하면서 남은 시간에 특별한 일을 해 보고 싶은 중학생입니다.

진로에 관한 일이면 저도 재밌고 도움도 될 거 같아서요.

여러 가지를 경험해 보고 집중적으로 그 직업에 관한 공부도 해 보고 싶은데 하고 싶은 게 너무 많아서 고르는 게 힘드네요.

저는 어린애들을 재밌게 잘 가르칠 자신이 있어서 초등학교 선생님도 하고 싶고 영화 관련 일을 생각할 때 기분이 좋아져서 영화감독도 하고 싶습니다.

또 저는 광고 만드는 것도 좋아하고, 사진이나 동영상을 찍고 편집하는 일을 정말 좋아해서 PD나 광고연출자도 되고 싶어요.

한편으로는 그동안 제 고민을 들어 줬던 사람들처럼 제 또래 친구들 고민을 함께 느끼는 상담 선생님도 되고 싶습니다.

기술은 좀 떨어지긴 하지만 평소에 이벤트를 하거나 선물을 주는 걸 좋아하기 때문에 파티플래너도 하고 싶고요.

다 막연한 생각이긴 하지만 적성검사를 해도 항상 이 직업들이 제 성향과 다 맞게 나옵니다. 정말 고민이에요.

어떻게 해야 저한테 가장 잘 맞는 직업을 하루라도 빨리 고를 수가 있을까요? (혜영)

답변

관심 직업에 대한 정보 수집 후 직업가치를 중심으로 결정해 보세요

영화감독, 광고연출자, 초등교사, 상담교사, 파티플래너 등 하고 싶은 것이 많지만 최종 선택이 어려워 고민하고 있군요.

혜영 님의 글을 읽으며 직업을 부와 명예를 위한 수단으로 여기지 않는 자세가 반가웠습니다. 자신이 좋아하고 잘하는 일을 바탕으로 다른 사람을 위해 봉사하고 싶은 마음까지 담고 있는 것으로 보아 참 진지하고 성숙한 친구구나 생각했어요. 또한 많은 친구들이 의사, 법조인, 교사 등 자신이 알고 있는 몇 개의 평범한 직업들 중에서 목표 설정을 하는 데 비해 파티플래너와 같은 신생 직업까지 포함시켜 진로 선택을 하고자 하는 것이 인상적이었고요.

결정을 하루라도 빨리해야 한다는 조바심에서 벗어나세요.

중학생인 혜영 님이 하고 싶은 일이 많은 것은 고민거리라기보다는 참 다행한 일입니다. 왜냐하면 상담을 청하는 친구들 중에는 어떤 것도 하고 싶은 일이 없다고 호소하는 경우가 적지 않거든요. 그러니 혜영 님은 진로 목표 결정을 하루라도 빨리해야 한다는 조바심에서 벗어나도 괜찮습니다.

진로에 있어 의사결정은 매우 중요한 과정이기 때문에 결정 자체를 도움받고자 하는 학생이 대다수입니다. 그리고 요즘은 중요한 의사결정을 빨리할수록 좋다는 생각 때문에 심지어 초등학교 때부터 어떤 고등학교에 진학할 것인지, 어떤 학과를 선택할 것인지, 어떤 직업을 가질 것인지를 결정하려고 하기도 합니다. 이것은 진로의사결정에 대한 충분한 이해가 없기 때문에 벌어지는 불안이 반영된 하나의 사회현상입니다.

중학생 시기는 진로 발달에 있어 결정보다는 탐색이 필요한 단계로 무엇보다 자신에 대한 탐색이 중요합니다. 이때는 어떤 것을 좋아하는지, 어떤 것을 중요하다고 느꼈는지, 어떤 것을 더 잘하는지, 주변의 기대는 어떤지 등에 대해 탐색을 하게 됩니다. 다음으로 자신이 지향할 수 있는 대안들을 전부 고려해 보고 각 대안에 대해 자신이 과연 밀고 나갈 만한 능력과 여건을 갖추고 있는지 예비 평가를 해 봅니다. 아울러 각 대안이 충분한 가치를 지니고 있는지, 어떤 장점과 단점이 있는지 알아보는 것이 필요한 단계입니다.

따라서 중학생은 직업 목표 하나를 딱 결정해 한눈 팔지 않고 그것만 바라보기보다는 다양한 직업에 관심을 갖고 직업 정보를 찾으며 자신에게 어떤 직업이 더 적합한지를 폭넓게 탐색하는 것이 더 바람직하다는 점을 꼭 기억하세요.

관심 직업에 대한 상세 정보를 수집하세요.

혜영 님이 관심을 가지고 있는 직업에 대한 상세한 정보(준비 방법, 하는 일, 관련 학과, 연봉, 필요한 적성과 흥미 등)를 수집하세요. 합리적 의사결정의 기본은 정확하고 풍부한 정보입니다. 예를 들어 휴대폰 하나를 살 때도 다양한 상품에 대한 정보를 찾고 장단점을 비교해 보아야 후회 없는 선택을 할 수 있거든요. 직업에 대한 정보를 수집할 때는 커리어넷과 워크넷 사이트 직업 정보 메뉴의 '직업명 검색'을 활용할 수 있는데, 자세한 내용은 44~45쪽을 참고하세요.

직업 가치를 중심으로 선택해 보세요.

중학교 시기는 최종 목표를 선택하기에 이르다고 말했지만 여러 직업 중 자신이 더 끌리는 몇 개의 대안을 갖는 것은 필요합니다. 혜영 님의 경우에는 매우 다양한 직업에 흥미를 가지고 있으므로 그중 어느 것이 더 자신에게 적합한지를 결정하는 방법으로 선택을 하는 연습을 해도 좋을 것 같네요. 이때 활용할 수 있는 방법은 위에서 찾은 정보를 놓고 자신의 직업 가치(자신이 직업 선택에 있어 중요하게 여기는 조건, 예를 들어 적성과 흥미, 연봉, 근무환경, 사회기여도 등)를 중심으로 평가해 보는 것입니다. 직업 가치를 잘 모르겠다면 커리어넷 사이트(www.career.

go.kr)의 심리검사 중 직업가치관검사를 해 볼 수 있습니다. 그런데 결정 과정에서 너무 많은 직업 가치를 내세울수록 선택은 어려워집니다. 자신이 정말 충족시키고 싶은 가치를 두세 가지 정도로 단순화하는 것이 필요합니다. 직업가치관검사에 대해서는 47쪽을 참고하기 바랍니다.

다음 얘기를 읽고 이것을 의사결정에 적용해 생각해 보세요.

인도의 열대림에서는 특이한 방법으로 원숭이를 잡는다고 합니다. 작은 나무 상자 속에 원숭이가 좋아하는 견과류를 넣은 뒤, 위쪽에 손을 넣을 정도의 작은 구멍을 뚫어 놓습니다. 견과류 한두 개만 잡고 손을 빼면 될 텐데, 견과류를 손에 잔뜩 움켜쥔 원숭이는 구멍에서 손을 빼지 못하고 사냥꾼들에게 잡힙니다. 어리석은 원숭이지요? 우리도 이런 실수를 하지는 않는지 생각해 보세요. 즉, 우리가 진로를 선택할 때 적성과 흥미, 전망, 연봉, 부모님의 기대, 가정 형편 등 모든 조건을 다 만족시키고 싶지만, 완벽한 정답만 찾다가는 결정을 못 하는 우유부단함에 빠져 시간만 낭비할 수도 있습니다. 그러므로 여러 가지 조건 중 자신이 보다 중요하다고 생각하는 가치가 무엇인지 파악하여 그것을 중심으로 선택할 때 합리적인 결정이 가능하다는 점을 꼭 기억하세요. 직업가치관 중 나에게 어떤 가치가 중요한지를 파악할 때 다음 표를 활용할 수 있습니다. 아래의 직업 가치 항목 중 나의 직업 선택 기준(직업 가치) 3개를 중요한 것부터 정해 보세요.

직업 가치 항목	발전성, 안정성, 자율성, 능력 발휘, 보수, 사회적 인정, 사회봉사, 창의성 등 (항목의 내용은 47쪽을 참고하세요)				
내가 선택한 기준	기준 1	기준 2	기준 3	기준 4	기준 5

다음으로 아래 표에 자신의 희망 직업과 선택한 기준을 적어 넣고 각 기준별로 중요도 점수를 부여한 후 희망 직업별로 합계를 적어 보기 바랍니다.

선택 기준	기준 1 ( )	기준 2 ( )	기준 3 ( )	기준 4 ( )	기준 5 ( )	함께 ( )	순위 ( )
희망 직업							

(중요도 점수—매우 적합 5점, 적합 4점, 보통 3점, 덜 적합함 2점, 적합하지 않음 1점)

결정 후에도 다른 직업에 대한 관심은 계속 유지하세요.

위 과정을 통해서 최종 목표가 생겼다고 해도, 다른 직업에 대한 관심은 늦추지 마세요. 왜냐하면 지금 알고 있지 못한 직업 중에서 님의 관심을 끌 수 있는 직업이 새롭게 등장할 수 있거든요. (112~115쪽의 이색 직업을 참고하세요.) 이럴 때 역시 커리어넷 사이트를 통해 직업 정보를 찾고, 그 직업까지 포함시켜 어떤 것이 혜영 님의 직업 가치에 더 적합한지를 다시 한 번 평가해 보세요.

위 방법이 조금 복잡하고 번거롭게 느껴질 수 있지만, 인생에서 가장 중요한 결정인 만큼 시간과 수고를 아낄 수는 없겠지요? 혜영 님의 현명한 선택과 꿈을 향한 힘찬 전진을 기원하며, 이만 줄입니다.

하루빨리 목표를
정하고 싶어요

지금 제게는 하고 싶은 일도 관심 있는 일도 심지어 좋아하거나 즐기는 일도 별로 없습니다.

단지 제가 하고 있는 일이라고는 남동생과 같이 게임을 하면서 내가 왜 이러고 있나 생각하며 소설을 보면서 오늘 하루 있던 일을 웃음으로 털어 버리는 게 다입니다. 성적은 다른 애들이 말하는 소위 상위권에 있기는 하지만 저는 공부를 하는 이유도 사는 이유도 그 무엇도 찾지 못한 채 그냥 헤매기만 하는 기분입니다.

문과나 이과 중 어디로 갈지도 모르겠고, 나중에 무슨 대학, 무슨 과를 가고 어떤 직업을 가질지에 대해서도 아무 생각이 없습니다. 제가 아는 사람이나 다른 사람들의 대부분이 저더러 무기력해 보인다고 합니다.

사실 왜 살아야 하는지도 의문이라서 사는 이유라든가 꿈을 더 빨리 찾고 싶은 조바심도 있습니다.

저도 남들처럼 성공해서 멋지게 살고 싶습니다. 텔레비전이나 신문

기사 등에서 성공한 사람들을 보면 다들 자신이 좋아하는 일을 찾아 목표를 정하고 계획을 세워서 열심히 달려 나간 끝에 목표를 이루었다고 하더라고요. 학교에서 잘나가는 애들도 다 뚜렷한 목표가 있고, 그 목표를 달성하겠다고 열심히 공부하는 것 같고요. 저도 그렇게 하고 싶어요.

저는 사실 어떤 목표를 정하는 것도 힘들지만 그것을 정한 후에도 하나에 집중해서 그것만을 열심히 하는 스타일도 아니거든요. 이거하다, 저거하다……. 정말 제 자신이 마음에 들지 않습니다. 저는 앞으로 어떻게 해야 할까요? (도레미)

답변

성공한 사람의 80%는 최초의 목표에만 집중한 것이 아니라 주어진 현실에 최선을 다했다고 합니다

안녕하세요, 도레미 님.

다른 친구들처럼 적성과 흥미를 바탕으로 진로 목표를 결정하고 그 목표를 향해 한눈 팔지 않으면서 전진하고 싶어 하는군요. 그렇지 못한 생활을 하고 있는 자신에 대해 많이 실망하고 있기도 하고요.

목표를 설정하고 그것을 바탕으로 계획을 세운 후 하나씩 달성해 나갈 때 성공하는 사람이 될 수 있을 것 같은데 목표조차 정하지 못하고 있는 자신이 정말 답답하고 불안한가 봐요.

그렇다면 정말 어렸을 때부터 자신이 원하는 진로 목표 하나를 결정하고 그것을 이루기 위한 계획을 세운 후 어떤 상황에도 절대 흔들리지 않은 사람만이 성공을 거머쥘 수 있을까요? 다행스럽게도 연구 결과에 의하면 그렇지 않답니다. 아래의 이야기를 읽으며 도레미 님의 불안감에서 좀 벗어나기 바랍니다.

우연이 만들어 주는 기회를 놓치지 말고 성실하게 노력하세요.

'계획된 우연(planned happenstance)'이라는 이론이 있습니다. 미국 스탠퍼드대학의 크롬볼츠 심리학 박사가 성공한 사람들을 인터뷰한 결과 그들 중 80%는 "나는 지금의 성공을 목표하거나 계획했다기보다 그냥 주어진 현실 속에서 열심히 했을 뿐이다"라고 말했는데, 그는 이것을 토대로 '계획된 우연 이론'을 주장하게 되었다고 합니다. 이 이론은 인생에서 일어나는 모든 일이 의미가 있고, 개인의 인생관과 태도에 따라 우연히 찾아오며, 이런 우연은 단순한 우연이 아니라 필연이라는 것입니다. 또한 자신이 얼마나 준비되어 있느냐에 따라 계획된 우연이 결정적인 기회로써 작용할 수도 있다는 것이지요.

크롬볼츠 박사는 이렇게 우연한 사건을 필연으로 또는 인생의 기회로 만들 수 있기 위해 필요한 요소로서 다음과 같은 다섯 가지 요소를 들고 있습니다.

- 호기심 : 새로운 진로를 탐색하는 것이 흥미롭다.
- 인내심 : 예기치 못하게 중요한 일을 망쳤어도 침착하게 내가 할 수 있는 일을 하겠다.

- 유연성 : 내 진로의 방향성은 언제든지 바뀔 수 있다고 생각한다.
- 낙관성 : 시대의 변화는 내 진로에 위기가 아니라 기회로 작용할 것이다.
- 위험감수 : 준비해 온 것과는 다른 적성을 발견하였다면 위험을 무릅쓰고 진로를 바꿀 용의가 있다.

다음 이야기에 위 이론을 적용해 볼까요?

가리야 세이치(32세) 씨는 어렸을 때 부모님을 여의고 친척집에 맡겨졌다. 결코 유복한 가정 환경에서 성장했다고 말할 수 없는 유년 시절을 보냈다. 그는 중학교를 졸업하고 자동차 수리 공장에서 아르바이트로 학비를 벌며 야간 고등학교에 진학했다. 그러던 중 가끔 공장에 자동차를 수리하러 오던 두 살 위의 여대생인 고바야시 마리 씨와 사귀게 되었다.
그녀의 즐거운 대학교 생활을 옆에서 지켜보고, 또 함께 대학 축제에 참석하면서 가리야 씨는 지금까지는 생각지도 않았던 대학 진학을 결심하게 되었다. 잠자는 시간을 아끼며 공부에 매진한 결과 바라던 공립대학에 무사히 합격을 했다. 학비가 저렴해서 선택한 대학이었으나 집과 너무 멀어 일과 학업을 병행하기가 어려웠다. 결국 그는 초반에 학교를 단념할 수밖에 없었다.
그러나 가리야 씨는 다음 해에 집에서 가깝고 예전 학교보다 명성이 뛰어난 사립대학 야간 공학부에 다시 도전해 합격을 했다. …(중략)… 가리야 씨는 학비가 큰 부담이 되었기 때문에 정비 공장에서 일을 하면서 자신의 주특기인 자동차 지식을 살릴 수 있는 중고차 판매 아르바이트도 시작했다.

중고차 판매 아르바이트는 가리야 씨의 적성에도 잘 맞아 학교 공부 이상으로 열정을 불태웠다. …(중략)… 실력을 발휘해 판매 실적이 1위에 올랐고, 틈틈이 공부를 하여 정비사 자격증까지 취득했다.

가리야 씨는 대학 졸업 후 자동차 관련 기업에 취직을 했다. 다니던 회사에 큰 불만은 없었지만 2년이 지난 후에는 '직접 중고 수입차 판매점을 운영해 보고 싶다'는 생각이 마음속에서 떠나지 않았다. …(중략)… 대학교 친구의 출자 제안을 받고 '만약에 망하면 다시 일어서면 되는 거지, 뭐'라는 배포로 창업을 하기에 이르렀다.

가리야 씨의 중고차 회사는 정직한 정비와 확실한 품질, 철저하고 친절한 사후 관리로 좋은 평판을 얻게 되었다. …(중략)… 현재는 지역 내에서도 열 손가락 안에 드는 체인점으로 성장했다. 그리고 가리야 씨는 고바야시 씨와 결혼하여 현재 행복한 나날을 보내고 있다.

(모로토미 요시히코, 정세환 옮김, 『행운에도 법칙이 있다』, 엡투스미디어, 2009)

자, 그럼 가리야 씨의 성공한 인생 이야기를 크롬볼츠 박사의 계획된 우연 이론에 맞춰 해석해 볼까요?

• 고바야시를 만나 대학 진학을 꿈꾸고 아르바이트를 할 때도 최선

을 다함.

- 처음에 입학한 대학을 포기했지만, 강한 인내심으로 끈기 있게 도전했음.
- 회사 취업 후 별 불만은 없었지만, 창업이라는 새로운 진로에 호기심을 가짐.
- 중고 수입차 판매점을 창업하는 일이 위험부담은 있었지만 '실패하면 다시 시작하면 된다'는 유연한 마음가짐과 낙관적인 자세로 계획을 실천함.

분명 가리야 씨는 언제나 진로 목표가 있었습니다. 하지만 처음부터 중고차 회사의 사장이 되겠다는 꿈을 꾼 것은 결코 아닙니다. 다만 자신에게 다가오는 여러 가지 사건이나 기회 들을 호기심을 갖고 잘 활용하여 목표를 수정해 나갔고 위험부담도 있었지만 물러서지 않은 채 유연한 마음가짐과 낙관적인 자세로 극복해 나갔습니다. 또한 불우한 어린 시절, 대학 포기 등의 부정적인 사건들을 강한 인내심을 갖고 뛰어넘어 결국 행복과 성공이라는 두 마리 토끼를 다 잡을 수 있었던 것입니다.

세상의 변화에 눈과 귀를 활짝 열어 두세요.

우리는 현재 자신이 처한 현실에서 자기 자신과 진로에 대한 모든 정보를 동원하여 목표를 설정합니다. 하지만 시간이 지남에 따라 내가 중요하게 여기는 가치관이 달라질 수도 있고 또는 기술과 환경 등 진로 선택과 계획에 많은 영향을 미치는 사회 변화가 자신의 예측과는 매우 다른 방향으로 전개될 수도 있습니다. 그러한 변화를 감지하고 적절하게 대응하는 것 또한 성공의 지름길이라고 할 수 있지요. 다음 얘기를 읽어 보세요.

배부른 늑대 한 마리가 낮잠을 자고 있었습니다. 또 다른 늑대 한 마리가 빠르게 지나가면서 "사자가 오고 있어요!"라고 알려 주었습니다. 그 말을 들은 배부른 늑대는 이렇게 말했습니다.

"사자가 우리를 잡아먹지도 않는데, 왜 뛰고 난리예요? 난 계속 잠이나 자고 있을 테니, 열심히 가 보슈."

얼마 후 초원에 사자 떼가 몰려왔고, 늑대의 먹잇감인 영양, 얼룩말들은 전부 다른 곳으로 이동했습니다. 환경 변화에 신경 쓰지 않았던 그 늑대는 일주일 후 굶어 죽고 말았습니다. 환경의 변화에 대처하지 못한 늑대의 비극은 과거에 세운 한 가지 목표만을 생각하고 세상의 변화에 소홀히 대처하는 사람에게도 얼마든지 일어날 수 있습니다.

차분한 마음으로 현실적인 계획을 세워 보세요.

자, 이제 당장 목표를 정하고 그것만을 향해 달려가겠다는 조바심으로부터 벗어나 조금 마음이 편해졌나요?

그런데 위에서 살펴본 것처럼 변화하는 상황에 대한 개방적이고 유연한 마음은 필요하지만 현 시점에서 추구해야 할 목표도 필요하답니다. 다음 단계를 실천해 보세요.

- 진로심리검사를 통해 자신의 적성, 흥미, 가치관 등을 파악해 보세요. 자세한 내용은 17~18쪽, 34~36쪽, 47쪽, 55쪽을 참고하세요.
- 심리검사 결과에 제시된 직업 목록 중 관심 직업을 몇 개 선택하여 자세한 직업 정보를 찾아보세요. 자세한 내용은 38쪽을 참고하세요.
- 직업 정보 수집 결과와 자신이 직업 선택에 있어 중요하게 여기는 조건을 중심으로 직업을 선택해 보세요. 자세한 내용은 147~149쪽을 참고하세요.
- 직업 관련 학과가 개설되고 있는 대학 목록을 확인한 후 학과 및 학교에 대한 정보를 수집하세요.
- 학과 및 학교 정보 수집 결과와 자신이 학교 선택에 있어 중요하게 여기는 조건을 중심으로 대학을 선택해 보세요. 자세한 내용은 141쪽을 참고하세요.
- 그 대학의 학생 선발 방법을 확인한 후 앞으로 어떻게 진학 준비를 할 것인지에 대한 세부 계획을 수립해 보세요.

위에서 제시한 것들을 한꺼번에, 한자리에서 다 해치우겠다는 생각은 하지 마세요. 서둘러서 될 일도 아닙니다. 하루 중에 일정 시간을 진로 시간으로 할애하고 그 시간을 활용하여 조금씩 진행시키세요. 그리고 나머지 시간에는 학업에 정진하기 바랍니다. 왜냐하면 아무리 어렵게 진로 목표를 정했다고 해도 그 목표가 높은 성적을 필요로 하는 경우 학업 성적이 부진하다면 꿈을 이루지 못할 수 있으니까요. 진로 목표 설정을 위해 노력하며 함께 학업에 최선을 다하는 것이 자신이 원하는 미래에 한 걸음씩 다가가는 길이라는 점을 꼭 기억하세요.

흥미도 살리고 싶고
부자도 되고 싶어요

질문

정말 답답하네요.

며칠 전 수능을 봤어요. 공부를 전혀 해 본 적이 없기에 그냥 꼴등입니다.

지금 지방 전문대 경찰과를 수시로 써서 붙긴 했는데 저는 딱히 꿈이 없습니다. 물론 경찰과도 아버지의 권유로 쓰게 된 것이고요.

꿈은 없지만 어렸을 때부터 항상 간절했던 게 있습니다. 저는 부유하고 뿌듯함을 느끼는 삶을 위해 살겠다고 항상 다짐했습니다.

저는 정말 부자가 되고 싶습니다. 그래서 수능 보기 전에는 재수든 삼수든 열심히 부딪쳐 명문대를 꼭 가서 좋은 데 취직하고 싶다고 생각하였습니다.

하지만 수능이 끝나니 역시 나태해지더군요.

좋은 간판 따서 좋은 직장에 취직하면 돈은 많이 벌겠지만 그게 얼마나 오래갈지는 모르겠습니다. 일이 너무 힘들고 안 맞아 버릴 수가 있으니까요.

저는 변덕이 매우 심하구요 미루는 걸 잘해요. 마음속에는 항상 지금 해야 할 것이 명확히 있는데 맨날 미루고요. 항상 이거 했다 저거 했다 변덕이 너무 심합니다.

제가 지금까지 살아오면서 가장 행복했던 순간은 노래할 때와 헬스를 하고 내 몸이 변화해 가고 있을 때였습니다.

하지만 노래나 헬스는 나중에 취미로 해도 된다는 생각이 계속 충돌합니다. 저는 정말 부자가 돼야 하거든요. 꼭 부자가 되어 사회에 헌신하며 뿌듯함을 찾아야 한다는 절실함이 있습니다.

앞으로 두 달 후면 지금 써 놓은 전문대에 마음에도 없는 과를 가야합니다. 그 과를 나오면 그와 관련된 일을 한다고 장담은 할 수 없지만 저같이 변덕이 심하고 좋아하는 것과 꼭 이뤄야 하는 인생의 목표가 충돌한다면 어떻게 해야 되나요?

정말 절박하고 답답합니다. 고등학교 3년을 이러고 살았습니다. 도와주세요. (우진)

답변

보수가 높은 직업 중 흥미 있는 직업 찾기, 흥미 있는 직업을 통해 보수를 높이는 방법이 있습니다

안녕하세요, 우진 님.

좋아하는 것(흥미)과 인생 목표(부 획득)가 충돌할 때의 현명한 대처

방법이 궁금하여 상담을 청했군요.

자신이 무엇을 좋아하고, 직업 선택에 있어 어떤 조건을 중요하게 여기는지를 파악하는 것도 쉽지 않은데 이것들이 충돌할 때 어떤 것을 최종 선택해야 하는지도 정말 난감한 문제이지요. 하지만 자신이 무엇을 좋아하는지 모르겠다는 친구도 적지 않고(좋아하는 것이 하나도 없다는 경우도 있지요), 직업을 선택할 때 어떤 조건을 꼭 만족시키고 싶다는 것이 분명한 친구 또한 드문 것을 보면 우진 님은 진로 선택의 첫 단계인 자기 이해만큼은 잘하고 있다는 것을 꼭 알려 주고 싶네요.

그렇다면 이렇게 자신이 원하는 두 가지가 서로 충돌할 때 대처할 수 있는 방법에는 무엇이 있을까요?

첫째, 자신의 직업 가치를 알아보는 방법이 있습니다.

사람마다 직업 선택을 할 때 특히 원하는 조건이 있는데 이것을 직업 가치라고 합니다. 예를 들어 연봉과 전망 두 가지를 놓고 갈등할 때 어떤 사람은 누가 뭐래도 연봉이 높은 직업을 선택하는 반면, 어떤 사람은 연봉은 낮아도 전망이 좋은 직업을 택하기도 하지요. 직업 결정에 있어 모든 조건(적성과 흥미, 연봉, 전망, 근무 환경, 전망 등)을 다 충족시키는 선택을 하기는 어렵기 때문에 자신이 어떤 가치를 더 중요하게 생각하는지를 중심으로 생각하는 것이 바람직합니다. 우진 님이 겪고 있는 문제 또한 보수와 흥미라는 직업 가치의 충돌이라고 볼 수 있는데 자신의 직업 가치를 확인하기 위해서는 직업가치관검사를 해 보는 방법이 있습니다. 직업가치관검사 실시 요령에 대해서는 47쪽을 참고하세요.

둘째, 먼저 보수가 높은 직업들을 알아보고 그중 흥미에 좀 더 적합한 직업을 찾을 수 있습니다.

이것을 위해서는 보수가 높은 직업이 어떤 것들이 있는지 알아보아야겠지요? 연봉이 높은 직업을 찾는 방법을 알려 드릴게요.

워크넷 사이트의 직업 정보 검색 카테고리에는 연봉과 전망을 조건으로 직업을 검색하는 메뉴가 있습니다. 조건별 검색 중 평균연봉에 원하는 연봉(최고 4000만 원 초과) 직업과 전망(매우 밝음 – 상위 10% 이상) 조건을 클릭 후 검색 버튼을 누르면 조건에 적합한 직업이 제시됩니다. 금융자산운용가, 보험계리사, 기후변화 전문가 등 21개 직업이 나오네요.(2013년 자료) 이 중 관심 있는 직업명을 누르면 하는 일, 준비 방법, 관련 학과 등과 함께 흥미, 성격, 지식 등이 소개되니 꼼꼼히 읽어 보세요. 그리고 정보를 바탕으로 자신의 흥미에 적합한 직업을 찾아보기 바랍니다. 여기서 한 가지 알아 두어야 할 것은 연봉과 전망을 조건으로 한 직업 검색 결과는 2년에 한 번씩 실시되는 설문조사에 따라 제공되므로 2년마다 그 결과가 달라진다는 것입니다. 왜냐하면 직업 세계는 가장 빨리 사회의 변화를 수용하는 분야이고 그에 따라 각 직업의 연봉과 전망 또한 달라지기 때문이지요.

워크넷(www.work.go.kr) ···▸ 직업 · 진로 ···▸ 직업 정보 검색 ···▸ 조건별 검색

여기서 한 가지 명심해야 하는 것은 최근의 직업 세계가 전문화되는 추세입니다. 직업 세계의 전문화란 의사, 법조인, 대학 교수 등 일단 입직만 하면 평생을 보장받을 수 있는 소위 전문직과 그렇지 못한 직업들이 피라미드 구조를 이루는 것이 아니라 같은 직업인이라고 하더라도 그 안에서 양극화가 일어나는 현상을 말합니다. 즉 같은 변호사라 하더라도 연봉이 몇 억에 도달하는 변호사가 있는가 하면 사무실 임대료도 내지 못하는 변호사가 공존하며, 라면집이 1년에 7억 원의 매출(하루에 100만 원, 1년이면 3억 5천, 이러한 가게를 두 개 직영하는 사람이 있다고 하네요)을 올리기도 한답니다. 이렇게 직업 세계의 전문화에 따라오는 것이 같은 직업인들 간의 치열한 경쟁입니다. 그럼 누가 그 전쟁에서 승리할 수 있을까요? 당연히 열심히 하는 사람이지요. 그리고 그 힘든 과정을 누구보다 열심히 겪어 내기 위해서는 직업을 그저 생계 유지 수단

이라고만 여기는 것이 아니라 그 일을 재미있게 느끼고 가치 있게 생각하는 자세가 필요하답니다. 직업 선택에 있어 연봉과 전망도 중요하지만 자신의 특성, 즉 적성과 흥미가 더욱 중요해지는 이유이지요. 아울러 대학에 합격한 상당수의 학생들이 1년 안에 재수 및 반수(재학하면서 다시 수능을 준비하는 경우)를 택하는 이유는 역시 흥미와 적성을 학과 선택에 있어 충분히 고려하지 않았기 때문입니다.

결론적으로 연봉이 높은 직업 중에서 적성과 흥미를 고려하여 직업을 선택할 때 그만큼 성공 가능성이 높다고 할 수 있는 것입니다.

셋째, 먼저 흥미에 적합한 직업을 찾아 꾸준한 노력을 통해 실력을 쌓고 그것을 바탕으로 수입을 증진시키는 것입니다.

우진 님께서는 돈을 많이 벌어 부자가 되고 싶다고 했는데, 아마도 단지 돈만이 최종 목적이 아니라 높은 수입을 통해 행복을 얻고 싶은 걸 거예요. SBS에서 방영하는 〈생활의 달인〉이라는 프로그램을 본 적이 있나요? 누구보다 그 분야에서 성공한(돈이 많기 때문만이 아니라 능력을 인정받고 자부심을 느낀다는 점에 있어서) 그리고 행복한 직업인들의 이야기이지요. 이 프로그램에 출연한 달인 중에서도 특히 주목받았던 분들을 모아 연말 특집으로 구성했던 적이 있었어요. 이때 이 달인들의 공통점은 다음 세 가지로 요약할 수 있었습니다.

첫 번째는 무엇보다 자신의 일에 대한 사랑이 있었다는 것입니다.

그 직업인들의 일은 남들이 우러러보는 그럴듯한 직업이거나(결절이의 달인, 가발의 달인, 목욕관리사 달인, 신발 속지 넣기 달인, 연탄 나르기의 달인, 라면의 달인 등) 모두 돈을 많이 버는 직업은 아니었지만(물론 이 중에 가발의 달인은 이제 그 기술이 일본에까지 알려져 일본인들이 기술을 배우기 위해 우리나라를 찾는 등 고소득을 올리고 있다고 하더군요) 달인들의 행복과 성공 비결의 핵심은 바로 누가 뭐래도 자신의 일을 세상에서 제일로 여긴다는 점입니다. 그분 중의 한 분은 같은 분야에 종사하는 분들과의 경쟁에서 이겨 '달인'의 칭호를 얻자 "하버드 대학 졸업장 열 장과 바꾸지 않겠다"는 넘치는 자부심을 드러냈습니다.

또 다른 공통점은 자신의 능력을 기르기 위해 끊임없이 노력했다는 것입니다.

달인들은 '어떻게 하면 더 맛있게 할까?(겉절이의 달인)', '어떻게 하면 남들보다 빠르게 할까?(신발 속지 넣기 달인)', '어떻게 하면 더 진짜처럼 보이게 할까?(가발의 달인)'를 늘 고민합니다. 라면의 달인은 조금이라도 면발을 더 쫄깃거리게 만들기 위해 끊임없는 연구를 한 후 결국 라면 끓이는 포트를 개발하기까지 하더군요. 물론 이것은 직업에 대한 마음 자세와 관계가 깊을 거예요. 예를 들어 '내가 돈만 많이 번다면 이렇게 하찮은 일은 당장이라도 그만둘 텐데……'라고 생각하는 사람보다는 '나는 누가 뭐래도 이 일이 재미있고 좋아. 내 손으로 만든 맛있는 음식을 사람들에게 제공하는 일은 정말 보람 있는 일이지'라고 여기는 사람이 능력을 개발하기 위해 최선의 노력을 기울일 가능성이 훨씬 높겠지요.

달인들이 최소한 10년 이상 한 분야에서 몸담고 있다는 점도 주목할 만합니다.

앞서 말한 가발의 달인은 무려 30년을 한 분야에서만 일했습니다. 10대 후반에 보조로 시작해서 다른 사람들의 멸시와 천대에도 포기하지 않고 여기까지 온 지난 세월이 떠올라 눈물을 흘리며 감회를 털어놓기도 하더군요. 아무리 열정이 넘치고 능력이 출중하더라도 한 분야의 전문가가 되기 위해서는 10년 이상의 세월이 필요하다는 이야기는 1만 시간의 법칙에서도 잘 드러납니다. 1만 시간의 법칙은 심리학자인 안데르스 에릭손(Anders Ericsson)이 연구하고 신경과학자인 대니얼 레비틴(Daniel Levitin)이 정의한 숫자 이야기입니다. 에릭손은 다섯 살 때부터 바이올린을 켜 온 음악 아카데미 학생들을 대상으로 바이올린을 처음 켠 때부터 지금까지의 연습 시간을 조사했습니다. 그리고 같은 조건의 아마추어 피아니스트와 프로 피아니스트의 연습 시간도 똑같이 조사했죠. 그리고 결론을 하나 도출해 냈습니다. 어릴 때부터 일주일에 세 시간 이상 연습하지 않은 이들, 즉 스무 살까지 2천 시간 정도밖에 연습하지 않은 이들은 모두 아마추어 수준에 머물렀고, 보통 수준인 경우엔 4천에서 8천 시간, 반면에 아주 뛰어난 명연주자 수준이거나 프로가 된 이들은 해마다 연습 시간을 늘려서 총 1만 시간을 연습했다는 결론이었습니다. 그러니까 진정한 실력 차이는 타고난 재능보다는 1만 시간을 연습했느냐, 안 했느냐의 차이에 있다는 것, 꼭 악기 연주만이 아니라 어느 분야에서든 세계 수준의 전문가가 되려면 최소 1만 시간의 연습이 필요하다는 게 바로 '레비틴의 매직 넘버-1만 시간의 법칙'입니다.(김경미, 『행복한 심리학』, 교양인, 2012)

그렇다면 한번 계산해 볼까요? 하루에 세 시간씩 스스로 자신의 꿈을 이루기 위해 노력한다고 가정해 봅시다. 1년이면 1000시간 정도가 나오고, 10년이면 1만 시간이 되지요. 따라서 이는 한 분야의 전문가가 되기 위해 필요한 세월은 10년 정도라는 결론이므로, 달인들의 세 번째 공통점인 10년 이상 한 분야에서 일했다는 사실과 일맥상통한다고도 볼 수 있답니다.

흥미로 직업을 찾는 방법을 알고 싶다면 직업흥미검사를 활용할 수 있습니다. 일단 직업흥미검사를 해 본 후(자세한 내용은 17~18쪽을 참고하세요) 검사 결과의 추천 직업 중 몇 개를 추려 낸 후 자세한 직업 정보를 수집해 보세요(자세한 내용은 24~29쪽을 참고하세요). 그리고 그 정보를 바탕으로 가장 적합한 직업을 선정해 보기 바랍니다.

자, 이제 선택은 우진 님의 손에 달려 있습니다. 위에서 제시한 방법 중 누구에게나 딱 맞는 정답은 없습니다. 사람마다 가치가 다르기 때문이지요. 자신에게 가장 적합한 방법을 신중하게 선택해 보기 바랍니다.

우진 님의 현명한 판단과 꿈을 향한 힘찬 전진을 기원합니다.

불평하는 청년 이야기

불평으로 가득 찬 청년이 있었습니다. 하루는 그가 왕을 찾아와서 인생을 성공적으로 살아갈 방법을 가르쳐 달라고 말했습니다. 그러자 왕은 포도주가 가득 담긴 잔을 청년에게 주면서 이렇게 말했습니다.

"포도주 잔을 들고 시내를 한 바퀴 돌아 오면 성공 비결을 가르쳐 주겠다. 단, 포도주를 엎지르면 네 목을 벨 것이다."

이 이야기를 듣고 그 청년은 땀을 뻘뻘 흘리며 시내를 한 바퀴 돌고 왔습니다.

"시내를 돌며 무엇을 보았느냐?"

왕이 말하자, "포도주 잔에 신경을 쓰느라 아무것도 보지 못했습니다"라고 청년이 답했습니다.

그 대답에 왕이 말했습니다.

"바로 그것이 성공의 비결이다. 인생의 목표를 확고하게 세우고 그 일에만 집중하면 주위의 유혹과 비난은 보이지 않는다."

외고와 일반고 중
어디로 진학해야 할지 고민스러워요

질문

현재 저는 외국어고등학교에 진학하려고 준비 중이에요.

제 성적은 280명 중에서 5등인데요. 그런데 저희 학교가 공부를 잘하는 편은 아니라서요.

중학교에 들어와서부터 수원외고나 경기외고에 진학하려고 마음먹고 있었습니다. 우선 목표로 잡은 학교에 진학할 수는 있을 것 같은데 외국어고등학교에 진학한 후가 문제입니다.

외고에 가면 내신은 관리하기 힘들고 대학을 정시로 가야 할 텐데 성적이 하위권이면 좋은 대학을 가기 힘들 것 같아서요. 제가 영어를 특출나게 잘하는 것도 아니라서 정말 고민이 됩니다.

외고에서 하위권이라도 서울 소재의 커트라인 높은 대학을 갈 수 있을까요?

외고에 가는 학생들은 영어는 이미 끝내 놓고 수학을 집중적으로 한다던데 영어를 완벽하게 잘하지 못하면 성적은 밑바닥을 치나요?

저는 정말 수원외고에 가고 싶습니다. 하지만 이 선택이 좋은 대학교로까지 이어지는 길인지는 확신하지 못하겠습니다. 집과 가까운 인문계 고등학교를 가서 수시로 대학교에 가는 것과 같이 외고에서도 원하는 대학교를 정시로 갈 수 있을까요?

어떻게 해야 할지 정말 고민입니다. (신영)

답변

최선의 결정은 결정 이후 자신의 노력으로 만들어 나가는 것입니다

안녕하세요, 신영 님.

고등학교 진학을 앞두고 학교 선택에 대한 갈등을 겪고 있군요.

고등학교 선택은 진로 선택의 출발이고, 이 결정이 잘못되면 모든 것을 망칠지도 모른다는 부담감까지 들어 더욱 혼란스럽고 불안할 거예요. 많은 친구들이 비슷한 문제로 고민하고 있고, 현재의 선택에 최선을 다해야겠지요. 하지만 혹시라도 결정에 시행착오가 있다 해도 자신의 의지와 노력만 있다면 시간이 좀 걸리더라도 목표를 향해 나아갈 수 있어요. 신영 님도 조금은 편안한 마음으로 선택에 임하면 좋겠네요.

언어에 대한 적성과 흥미를 고려하십시오.

외국어고등학교는 특수목적고등학교로서 외국어에 특별한 능력을 가진 인재 양성이 목표입니다. 교육 과정은 일반 교과와 함께 전공 언어별 심화 학습, 듣기, 회화, 문법, 작문, 전공 언어권 문화 등의 교과를 특히 중점적으로 배우도록 편성됩니다. 만약 어학에 대한 적성과 흥미가 부족할 경우 수업에 대한 흥미 또한 떨어질 수밖에 없고 이는 학업 성적에도 나쁜 영향을 미치게 됩니다. 따라서 외고냐 일반고냐, 그 선택의 일차적 기준은 자신이 얼마나 어학에 대한 흥미를 가지고 있느냐에 달려 있다고 할 수 있습니다.

직업 목표와의 관련성을 평가해 보기 바랍니다.

앞에서도 말했듯이 외국어고등학교는 외국어에 특별한 능력을 가진 인재 양성이 목표로서 이것이 교육 과정에 적극 반영됩니다. 외국어를 집중적으로 공부했다는 점은 나중에 대학 입시와 직결될 수밖에 없고 이는 신영 님의 최종 직업 목표와도 밀접한 관련이 됩니다. 만약 자신의 직업 목표가 자연, 공학, 의약 계열 쪽에 있다면 대입을 준비하는 데 외고의 교육 과정과 희망 계열에서 요구하는 과목이나 성적이 다르기 때문에 많은 어려움을 겪게 될 것입니다. 따라서 외고냐 일반고냐의 선택에 앞서 최종 직업 목표와 외고의 교과 과정이 얼마나 관련이 되는지 꼭 평가해 보아야 합니다.

고등학교 선택에 따른 장단점을 비교해 보십시오.

모든 선택에는 장단점이 있습니다. 완벽한 정답을 찾기보다는 장단점을 비교해 더 합리적인 것을 찾으려는 자세가 필요합니다. 다음은 일반계와 특목고 선택에 따른 장단점입니다. 꼼꼼히 자신에게 적용하여 자신의 성향에 어떤 학교가 더 적합한지 판단해 보기 바랍니다.

▶▶ 일반계의 장단점

내신 관리가 유리하다. 문과 · 이과 및 학과 선택에 대한 폭이 넓다. 면학 분위기나 학교 시설 면에서는 특목고에 비해 불리하다 등.

▶▶ 특목고의 장단점

경쟁적인 분위기 속에서 자신의 실력을 최대한 발휘할 수 있다. 수능 점수를 높일 수 있다. 과중한 학습 부담으로 인한 스트레스를 극복해야 한다. 내신 관리가 어렵다 등.

'나'는 어떤 성향의 사람인가요?

다음으로 신영 님의 성향을 파악해 보아야 합니다. 즉 신영 님은 편안한 분위기에서 능력에 대한 인정을 받을 때 실력을 발휘하는 성향인가요? 아니면 좀 더 경쟁적인 분위기에서 우수한 인재들과 겨룰 때 더 분발하는 유형인가요? 자신의 성향을 파악해 보세요. 전자라면 일반고를, 후자라면 특목고를 선택하는 것이 좋겠지요. 다음 기사를 참고해 보세요.

올해 서울의 한 외국어고에 진학하는 ㄱ 양(16)은 입학을 앞두고 두 차례 배치고사를 치렀는데, 내심 충격을 받았다. 중학교 3년 내내 전교 1~2등을 다퉈 왔지만, 이번에는 만족할 만한 성적을 받지 못했기 때문이다. ㄱ양 어머니는 "워낙 잘하는 아이들만 모이는 학교여서, 아이가 벌써부터 좀 불안해 하는 것 같다"고 말했다.

외고·과학고 등 특수목적고와 자율형 사립고 등 학업우수고 학생들일수록 성적 하락에 대한 스트레스, 심적 부담감이 크다는 연구 결과가 나왔다. 그러나 이들은 정서적 우울감에도 불구하고 성적을 올리기 위해 더욱 스스로를 채찍질하는 성향을 나타냈다.

27일 한국교육과정평가원의 김영빈 부연구위원은 비평준화지역 5개 학교 479명을 대상으로 연구한 「학업우수고등학교 학생들의 실패 내성 특성 및 성적하락 극복과의 관계」 논문에서 이같이 밝혔다.

학업우수고 학생들의 성적하락에 대한 감정 척도는 남학생 3.25, 여학생 3.09인 것으로 나타났다. 일반 평균 고등학생의 감정반응은 남학생 3.43, 여학생 3.38이었다. 감정척도 수치가 6에 가까울수록 실패를 꿋꿋하게 받아들이는 경향이 높음을 의미한다. 즉, 학업우수고 학생들일수록 성적이 하락할 경우 느끼는 스트레스와 자아 상실감이 더 크다는 뜻이다.

그러나 학업 실패 이후 이를 극복하기 위해 어떤 행동을 취할 것인가를 나타내는 행동 척도는 학업우수고 학생들이 남학생 3.83, 여학생 3.93으로 나타나 일반학생의 3.65, 3.51보다 높았다. 또 실패할 가능성에도 불구하고 어려운 과제를 선호하는 경향 역시 학업우수고 학생들이 높았다.

「특목고·자사고 등 학업우수고 학생, 성적 하락 스트레스 더 크다」
『경향신문』, 2011년 2월 28일)

완벽한 선택이란 없습니다.

모든 선택에는 장단점이 있습니다. 결점이 전혀 없는 완벽한 선택이란 없다는 것이지요. 따라서 일단 결정을 하기까지는 최선을 다해 정보를 찾고 조언을 구하되 일단 결정이 내려지면 장점만을 생각하고 단점에 대해서는 어떻게 극복할 것인가만을 궁리하는 것이 현명하답니다. 최선의 결정은 결정 이후 자신의 노력으로 만들어 나가는 것입니다.

예를 들어 만약 신영 님이 특목고를 선택했다면 이제 내신 관리의 어려움, 경쟁적 분위기에서 느끼는 학업 스트레스는 감수해야 합니다. 그리고 훌륭한 교육 과정과 실력 있는 교사, 뛰어난 친구들 틈에서 실력을 최대한 키워 수능 위주의 정시에 도전하는 방식으로 입시 전략을 짜야겠지요.

끝으로 결과보다 더 중요한 것은 과정이라는 마음가짐을 가져 보기 바랍니다.

사실 냉정하게 말해서 아무리 최선을 다해도 그 결과를 자신하기 어려운 경우가 더 많습니다. 따라서 무조건 열심히 하면 반드시 외고에 합격한다는 비현실적인 말은 하지 않겠습니다. 단, 합격이냐, 불합격이냐 하는 최종 결과를 장담하기는 어려워도 외고 준비 과정에서 키워진 자신의 영어 실력은 누가 뭐래도 신영 님의 것이라는 점, 그리고 외고를 가지 않더라도(일반고에 진학하더라도) 그 실력은 신영 님의 최종 목표(원하는 대학 진학 및 졸업 후 원하는 직업을 갖는 것) 달성에 분명 큰 디딤돌이 될 것이라는 점은 분명합니다. 무조건 외고에 합격하지 않으면 내 인생은 끝이라는 극단적인 생각은 신영 님을 불안하게 하고 그 불안감은 공부를 방해하여 성적 향상에 큰 장애물이 될 것입니다. 따라서 내 목표는 외고 합격이냐 불합격이냐가 아니라 최종 목표 달성을 위해 영어 실력을 키우는 것(궁극적으로는 원하는 직업을 갖는 것)이라는 마음가짐을 갖는 것이 현재 신영 님에게 꼭 필요한 자세이지 않을까요?

일반고와 특성화고 사이에서 갈등할 때 생각해 봐야 할 점

• 취업과 진학 중 자신에게 어떤 것이 더 우선적인지 판단해 보세요.

특성화고는 소질과 적성 및 능력이 유사한 학생을 대상으로 특정 분야의 인재 양성을 목적으로 하는 학교로서 대학 진학보다는 취업이 우선인 학교입니다. 물론 특성화고를 졸업해도 대학 진학을 할 수 있지만 '선취업 후진학'이 기본적 취지라는 점을 꼭 기억해야 합니다.

• 직업 목표와 특성화고 학과와의 관련성을 꼭 평가해 보세요.

특성화고는 일반고와는 달리 미용, 전산, 관광, 조리 등의 학과가 있습니다. 한 분야에 대한 전문성을 일찍부터 쌓을 수 있다는 장점은 있지만 만약 학과와 자신의 직업 목표가 일치하지 않거나 또는 학과에 대한 확신이 없어 나중에 직업 목표가 바뀐다면 큰 낭패를 볼 수 있습니다. 따라서 현재 가지고 있는 직업 목표와 자신이 관심을 가지고 있는 특성화고 학과와의 관련성을 평가해 보십시오.

• 고등학교 선택에 따른 장단점을 비교해 보세요.

모든 선택에서 완벽한 정답을 찾기보다는 장단점 비교 후 더 합리적인 것을 찾으려는 자세가 필요합니다. 다음은 특성화고와 일반계 고교 선택에 따른 장단점입니다. 꼼꼼히 자신에게 적용해 보기 바랍니다.

▶▶ 특성화고의 장단점

자신이 원하는 분야를 일찍부터 전문화시킬 수 있다. 실무 위주로 재미있게 공부할 수 있다. 대입에서 특성화고 특별전형을 활용할 수 있다. 장학금 혜택이 많다. 하지만 특성화고에 대한 사회적 편견을 극복해야 한다. 대학에 진학 후 학점 관리가 어렵다(국·영·수 공부에 있어 일반계 출신 학생들에게 뒤질 수 있다), 학습 분위기를 스스로 관리해야 한다(특성화고 교육 과정이 대학 진학에 초점이 맞춰져 있지 않으므로 학업 분위기가 산만할 수 있다) 등.

▶▶ 일반고의 장단점

특성화고에 비해 대학수학능력을 갖추기 위한 탄탄한 학문적 토대를 마련할 수 있다. 진로 목표가 뚜렷하지 않을 경우 대학에 진학할 때 학과 선택의 폭이 넓다. 경쟁적인 분위기 속에서 자신의 실력을 최대한 발휘할 수 있다. 일반적으로 특성화고에 비해 과중한 학습 부담으로 인한 스트레스를 극복해야 하거나 내신 관리가 어렵다 등.

• 관심 고등학교에 대한 정보를 충분히 수집하세요.

자신이 관심을 가지고 있는 일반고 또는 특성화 고등학교에 대한 정확한 정보를 충분히 수집하십시오.

이때 활용할 수 있는 방법으로는 학교 홈페이지와 학교 알리미 사이트를 통한 정보 수집, 더 궁금한 사항은 전화나 홈페이지의 게시판으로 질문하기, 재학생들에게 학교 생활에 대해 알아보기, 학교 방문을 통해 통학 거리 체험하기 등이 있습니다.

• 위의 기준을 바탕으로 자신을 돌아보세요.

특성화고와 일반고를 선택할 때 누구에게나 똑같은 정답은 없습니다. 위에서 제시한 기준들을 바탕으로 자신이 어디에 해당하는지 또는 자신이 어떤 성향을 가졌는지 등을 객관적으로 파악하고 그 결과를 최종 결정에 적극 반영할 때 보다 합리적인 판단을 할 수 있습니다.

문과, 이과
어떻게 선택해야 하나요?

질문

이제 고2 들어가는 학생이에요.

이과·문과에 대한 예비 선택을 마친 상황이에요. 저는 일단 문과로 해 놨어요.

그런데 이과에 너무 많은 미련이 남아요.

저는 수학은 좋아하지만, 그만큼 점수가 나오지 않아요. 수학 학원 선생님도 수학을 못하면서 어떻게 이과를 생각하느냐고, 너를 위해서라도 빨리 생각을 접으라고 하셔요.

하지만 전 수학도 좋고, 무엇보다도 과학이 너무 좋아요. 과학은 아무리 많이 공부해도 지겹지 않고 즐거워요. 그리고 전 선입견 때문인지 사회가 싫어요.

하지만 사회는 공부한 것보다 성적이 더 잘 나와요. 수학은 노력에 비해 잘 안 나오구요.

성적은 잘 나오지만, 전 사회 공부를 억지로 하는 거예요.

그래서 모의고사 점수로 판단하려 했는데 과학과 사회 둘 다 점수가 똑같아요.

어떡해요? 이과로 꼭 가고 싶지만, 주위에 말리는 사람들뿐이라 가끔 문과도 생각해요.

근데 사회 책을 2년 동안 볼 생각하면 끔찍하거든요.

이과에서 문과로 가기는 쉽지만, 문과에서 이과로 가기는 어렵지 않나요?

이리저리 누구한테 상담해도 그냥 답답할 뿐, 어떻게 결정해야 될지 모르겠어요. (정영)

답변

희망 직업을 중심으로 계열을 선택해 보세요

고2 진급을 앞두고 문과·이과 계열 선택에 대한 고민 때문에 상담을 청했군요.

가게에 가서 사소한 물건 하나를 고를 때도 가격, 색상, 디자인, 품질 등을 다 만족시키려면 힘이 드는데, 거기다가 계열과 같은 진로 결정은 인생에서 정말 중요하다는 부담감이 더해져 더욱 혼란스럽고 불안할 거예요.

하지만 천 리 길도 한 걸음부터라고 했죠? 아무리 어려운 문제라고 해도 하나하나 실타래를 풀어 가면 분명 해결의 실마리가 보일 거예요.

정영 님은 현재 계열 선택을 할 때 주로 과목에 대한 흥미와 성적을 기준으로 결정하려고 하고 있습니다. 하지만 계열 선택은 무엇보다 직업 준비의 과정 중 하나로 보아야 합니다. 즉 자신이 원하는 직업 목표를 달성하기 위해 대학 및 학과를 선택해야 하고 이를 위한 중간 과정으로써 계열 선택을 해야 한다는 것이지요. 따라서 물리적 순서로는 문·이과 계열을 선택하고 다음으로 학과 및 대학 선택, 최종적으로 직업 선택의 과정을 거치지만 사실 합리적인 진로 선택의 순서는 최종 목표인 직업으로부터 시작해서 학과 및 대학, 문·이과 계열을 결정하는 것으로 이어진다는 점을 꼭 기억해야 합니다. 즉 자신에게 적합한 직업이 결정되면 자연스럽게 관련 학과가 따라오고 거기에 따라 계열 선택도 수월하게 할 수 있다는 것이지요. 물론 정영 님이 고민하고 있는 과목에 대한 흥미나 성적이 계열 선택에 있어 중요하지 않은 것은 아니지만 일단 직업 목표를 중심으로 계열을 선택할 때 과목에 따른 흥미와 성적의 불일치와 같은 문제를 좀 더 슬기롭게 해결할 수 있답니다. 자, 그렇다면 직업 목표는 어떻게 결정할 수 있을까요?

커리어넷(www.career.go.kr) 사이트의 심리검사 '아로플러스'를 실시해 볼 것을 권합니다.

이 서비스는 직업적성, 직업흥미, 직업가치관검사를 통해 자신에게 적합한 직업 및 관련 학과를 추천해 주고 있습니다.(34~36쪽 참고) 물론 한 가지를 꼭 집어 주는 것이 아니라 여러 가지를 추천해 주기에 그 중에서 다시 자신에게 맞는 것을 선택하는 과정이 필요합니다. 이때 그 냥 직업명만 가지고 생각하는 것이 아니라 하는 일, 적성 및 흥미, 보수, 전망 등 구체적인 정보를 바탕으로 평가해 보아야 합니다.

세부적인 직업 정보를 찾아 보세요.

결정에 앞서 위 심리검사 결과 중 관심 있거나 현재 하고 싶은 직업에 대해 하는 일, 전망, 근무환경, 관련 학과, 연봉 등 구체적인 직업 정보를 먼저 찾아보세요. 위 검사 결과에서 추천해 주는 직업 중 관심이 가는 몇 가지를 선정하여 커리어넷에서 검색하면 상세한 직업 정보를 편리하게 알 수 있답니다.(44~45쪽 참고) 이때 그냥 읽고 끝나지 말고 스크랩을 해 둔다면 좀 더 체계적인 비교 검토를 통해 합리적인 결정을 할 수 있겠지요?

직업 선택을 위한 의사결정 비교표를 작성해 보세요.

앞에서 찾은 정보를 바탕으로 최종 직업 목표 선택을 위한 의사결정 비교표를 작성해 보세요. 앞서 대학을 결정하기 위해 의사결정 비교표를 작성해 본 게 도움이 될 거예요.(141쪽 참고) 의사결정 비교표 작성 방법은 다음과 같습니다.

▶▶ 직업 선택을 위한 의사결정비교표 작성법

• 아래 표에서 세로 칸에 관심 직업을 적어 보세요.

• 가로 줄의 각 항목이 직업 선택에 있어 얼마나 중요한지, 그 정도
를 괄호 안에 점수로 표시해 보세요. 이때 괄호 속 내용을 다 더하
면 100점이 되도록 합니다. 예를 들어 보수 30, 능력 20, 사회적
인정 10, 안정성 10 등이 되겠지요.

• 각 직업을 가지고 괄호 안의 점수를 만점으로 항목별 점수를 매겨
총점을 계산해 보세요.

• 가장 총점이 높은 점수의 직업이 자신에게 가장 적합한 직업이라
고 할 수 있습니다.

직업가치 / 직업	능력발휘 (20)	보수 (20)	안전성 (10)	사회적 인정 (10)	사회적 봉사 (5)	발전성 (10)	창의성 (5)	자율성 (20)	합계 (100)	순위
A	15	20	3	7	3	5	3	10	66	2
B	20	15	5	5	5	8	5	15	78	1
C	10	10	7	3	3	8	3	15	59	3

직업가치 / 직업	능력발휘 ( )	보수 ( )	안전성 ( )	사회적 인정 ( )	사회적 봉사 ( )	발전성 ( )	창의성 ( )	자율성 ( )	합계 (100)	순위

위 과정을 통해 결정된 직업의 관련 학과가 어떤 계열인지 살펴보면
계열 선택에 중요한 참고 자료가 될 거예요.

다음으로 계열 선택을 위한 검사를 활용하는 방법도 있습니다

• **경로** | 워크넷(www.work.go.kr)사이트 ┈▶ 직업 · 진로 ┈▶ 직업심리검

사 ┈▶ 대학전공(학과) 흥미 검사를 실시해 보세요.

검사를 실시하면 아래와 같은 결과표가 제시됩니다.

	교육	예술	인문사회	정경	이공	의료보건	서비스학
활동 선호도	19.66	61.93	65.73	67.32	112.57	96.36	63.39
교과목 선호도	29.12	67.16	78.32	63.51	89.19	68.85	68.07
직업 선호도	31.13	102.1	59.99	58.18	112.2	69.2	68.88
순위	7	3	4	6	1	2	5
총합	23.47	75.73	70.36	64.82	110.87	82.11	68.98

이처럼 교육 · 인문사회 · 정경 · 서비스 등이 높다면 문과가, 이공 ·
의료보건 등이 높다면 이과가 적합하다고 할 수 있겠지요.

위의 과정이 다소 번거롭고 귀찮게 느껴지더라도 진로 결정은 정말
중요한 만큼 신중하고 진지한 절차가 필요합니다. 따라서 시간과 에너
지를 아껴서는 안 되겠죠?

위와 같은 과정을 통해 직업 목표가 설정되면 직업 목표와 관련된 학
과가 개설된 대학 목록을 확인한 후 성적이나 학교 특성, 거주지역 등을

중심으로 진학 희망 대학을 선정하세요. 그리고 그 학교 홈페이지의 입시 메뉴에서 학생 선발 방법을 확인한 후 구체적인 입시 준비 계획을 세운다면 학업에 대한 집중력도 더 생길 수 있고 이는 성적 향상으로 이어질 거예요.

정영 님의 꿈을 향한 힘찬 전진을 기원합니다.

원하는 직업이 있지만
성적이 낮아요

전 초등학교 5학년 때부터 초등학교 교사가 되겠다고, 그래서 꼭 경인교대를 가겠다고 맘먹었어요.

그런데 지금은 성적이 너무 안 좋아져서 가기가 힘들어요.

그래서 유아교육과나 간호학과를 가려고 대학 진학률을 알아보기도 했는데 가능성이 다 '0퍼센트'더라고요.

제가 미술이나 음악, 체육 같은 특별히 잘하는 게 있는 것도 아니고 초등학교 교사 하나만 생각해 와서 다른 직업을 생각해 본 적도 없습니다.

앞으로 뭘 목표로 해서 공부해야 하는지 어떤 직업을 생각해야 할지 모르겠어요.

모의고사 보면 노력을 하는데 꼭 문제 푸는 시간이 부족해서 망하고요. 문제집을 따로 사서 풀어 볼까 생각도 했는데 뭘 사서 어떻게 풀어야 좋을지 모르겠더라고요.

또 모의고사 보면 등급은 평균이 4~5등급…… 해도 늘지를 않고……

공부하는 거 그리고 나한테 적합한 직업 찾는 거 너무 힘들어요.

어떻게 해야 좋을까요. (성은)

답변

공부 방법에 대한 점검과 함께 직업인이 하는 일을 중심으로 직업 선
택의 폭을 넓혀 보세요

안녕하세요, 성은 님.

초등교사가 되고 싶지만 성적이 부진하여 고민하고 있군요. 수능 시험 날짜는 점점 다가오고, 생각만큼 성적은 나오지 않으니 답답하고 속상한 마음이 정말 클 거예요.

더욱이 초등교사라는 목표가 하루아침에 생각한 꿈이 아니라 어린 시절부터 꿈꿔 온 직업이니 한층 고통스럽고 막막할 것 같네요. 하지만 아직 수능까지 시간이 있으니 포기하기에는 이르다고 생각합니다.

자신과 유사한 경우를 찾아 모방하는 공부 방법을 시도해 보세요.

공부를 잘하기 위해서는 공부 시간을 늘리는 것도 중요하지만 자신과 유사한 상황을 잘 극복한 사례를 찾아 모방하는 방법을 활용하면 효과적으로 성적을 향상시킬 수 있습니다. (96~99쪽 참조)

성적 부진의 원인별 해결책을 찾아 자신에게 적용해 보세요.

청소년상담복지개발원 사이트의 고민해결백과 중 '학업' 부분의 데이터 베이스를 활용해 보세요.

> • **경로** | 청소년사이버상담센터(www.cyber1388.kr) ⋯➤ 고민상담실 ⋯➤
>
>   고민해결백과 ⋯➤ 학업 ⋯➤ 청소년

위 메뉴로 가면 공부 방법, 시험 불안, 집중력 부족, 학교 적응, 학습 흥미, 학업 스트레스, 학습능력 부족 영역별로 성적 부진에 대한 구체적인 문제와 그에 대한 상세하고 전문적인 답변이 소개되니 공부 방법을 점검하고 해결책을 모색하는 데 적극 활용하기 바랍니다.

직업인이 하는 일을 중심으로 직업 목표의 폭을 넓혀 보십시오.

지금 성은 님에게 필요한 마음가짐은 초등교사라는 단 하나의 목표에 매달려서 만약 성적이 향상되지 않으면 그 꿈을 포기해야 할지도 모른다는 극도의 불안감에서 벗어나는 것이라고 생각합니다. 그러한 불안감은 결국 공부에 대한 집중력도 떨어뜨려 성적을 향상시키는 데 가장 큰 장애물로 작용할 수 있습니다. 따라서 초등교사라는 목표를 갖되 그 직업인이 하는 일을 중심으로 직업 목표의 폭을 넓혀 좀 더 편안한

마음으로 공부에 임하는 것은 어떨지 제안해 봅니다.(191~192쪽 참고)
이 방법은 혹시 학업에 최선을 다했는데도 성적이 생각만큼 오르지 않
는 최악의 경우를 대비하는 차원에서의 대책일 수도 있습니다. 이 내용
이 조금 냉정하게 들리겠지만 현실적으로 드물지 않게 일어나는 일이
기도 합니다.

　　지금까지 안내한 내용을 간단히 정리하면 현재 성은 님에게 필요한
것은 첫째, 공부 방법의 효율성에 대한 점검입니다. 둘째, 희망 직업의
직업인이 하는 일을 중심으로 직업 선택의 폭을 넓히는 작업을 통해 좀
더 편안한 마음으로 공부에 임하는 것입니다.

　　답변이 도움이 되었기를 바라며, 성은 님의 꿈을 향한 힘찬 전진을
진심으로 기원합니다.

직업 선택의 폭을 넓히는 방법, '직업군 찾기'

구체적인 직업을 목표로 삼기에 앞서 내가 관심을 갖는 '직업군'을 파악하면 직업 선택의 폭이 넓어집니다.

- **경로** | 커리어넷(www.career.go.kr) ⋯→ 미래의 직업 세계 ⋯→ 직업 정보 ⋯→

  적성 유형별 검색에서 자신이 원하는 직업군 찾기

제시된 직업들 중 직업 정보를 통해 성적 영향력이 상대적으로 덜한 직업을 찾아봅니다.

- 직업 검색 예시

▶▶ **교사를 희망하는 경우**

- 교사를 희망하는 경우라면 직업군 중 교육 관련 서비스직, 인문계 교육 관련직을 클릭해 보세요.

- 검색되는 직업 중 교사와 유사한 일을 하면서 상대적으로 학업 성적 영향력이 크지 않은 직업에는 무엇이 있을까요? 독서지도사, 보육교사, 유치원 교사, 학원 강사, 학습지 강사 등이 있네요.

▶▶ 법조인을 희망하는 경우

- 법조인(판사, 검사, 변호사)을 희망하는 경우라면 직업군 중 법률 및 사회활동 관련직을 클릭해 보세요.
- 검색되는 직업 중 법조인과 유사한 일을 하면서 상대적으로 학업 성적 영향력이 적은 직업에는 법무사, 법률사무원, 사회단체활동가 등이 있네요.

▶▶ 의사를 희망하는 경우

- 의사를 희망하는 경우라면 직업군 중 보건의료 관련 서비스직을 클릭해 보세요.
- 검색되는 직업 중 의사와 유사한 일을 하면서 비교적 학업 성적 영향력이 적은 직업에는 간호사, 물리치료사, 병원코디네이터, 응급구조사, 임상병리사, 치과위생사 등이 있네요.

진학하고 싶은 학교는 결정했지만
마음이 여전히 불안해요

질문

저는 중학교 2학년으로 고등학교 선택 때문에 그동안 고민을 많이 했습니다.

일반고를 갈 것이냐 자율형 사립고를 갈 것이냐가 정말 혼란스러웠어요. 주변에 물어보니 일반고는 내신을 잘 관리할 수 있지만 학교 분위기가 좀 안 좋다고 하더라구요. 자율형 사립고는 학교 시설이나 학교 분위기는 좋은데, 내신 50퍼센트 내 학생들이 가는 학교라서 좋은 내신을 받기가 어렵고 그래서 스트레스도 크다는 거예요. 한동안 고민을 하다가 스트레스는 좀 받아도 좋은 분위기에서 더 열심히 공부해 실력을 올릴 수 있는 자율형 사립고등학교를 가기로 마음먹었습니다. 그런데 결정을 했는데도 마음이 불안해요.

혹시 잘못 선택한 것은 아닌지, '나중에 후회하면 어떡하지?'라는 생각 때문에 마음이 무겁습니다.

어떻게 해야 할까요? (재희)

최선의 결정은 결정 당시에 판가름 나는 것이 아니라 결정 이후 자신의 노력으로 만들어 나가는 것입니다

안녕하세요.

고민 끝에 자율형 사립고를 선택했지만 잘못된 선택을 한 것은 아닌지 불안한 마음 때문에 많이 고민하고 있군요.

사실 지금까지 유치원, 초등학교, 중학교 모두 부모님의 선택이나 국가의 배정에 따라 결정이 되었기 때문에 한 번도 이러한 진로 선택을 한 적이 없는데다가 진로 선택은 인생에 있어서 가장 중요한 선택이라는 주변 어른들의 이야기가 아마 재희 님의 마음을 더욱 부담스럽게 만들었을 거예요.

우리가 간과하기 쉬운 사실이지만, 의사결정이란 여러 대안 중에 어느 것 하나가 완벽한 대안이어서 그 정답을 찾아내는 과정이 아닙니다. 의사결정이란 각각 장단점을 가지고 있는 대안을 놓고 자신이 중요하게 여기는 것을 중심으로 비교한 후 조금이나마 자신에게 적합한 대안으로 타협하는 과정이지요. 그렇기 때문에 최선의 결정인가 아닌가는 결정 당시에 판가름 나는 것이 아니라, 이후 자신의 노력이 더해졌을 때 평가할 수 있는 것입니다.

따라서 어떤 결정을 한 이후의 바람직한 마음 자세는 내가 한 선택이 정답이었을까 아니었을까를 고민하기보다 지금부터 어떻게 하면 내가 선택한 대안의 장점을 살려(단점에 대해서는 한 눈 질끈 감고요) 더 나은 대안으로 만들 수 있을까를 연구하고 그것을 실천하는 것입니다.

비유를 해 볼까요?

어떤 여자가 결혼을 앞두고 두 남자 사이에서 갈등을 합니다. 한 사람은 성격이 호탕하고 박력이 있지만 다소 허풍스럽고 진실성이 좀 부족합니다. 나머지 한 사람은 반대로 신중하고 차분한 성격이지만 소심하고 인색한 면이 좀 마음에 안 듭니다. 곰곰이 생각한 끝에 비록 두 사람 모두 부족한 점은 있었지만 결혼 생활은 그래도 기복 없이 안정된 것이 좋을 것 같다는 기준을 가지고 따져 봤습니다. 첫 번째 남자는 70점, 두 번째 남자는 80점이 나왔고 결국 두 번째 남자를 선택했습니다. 선택한 이후 만약에 이 여자가 "내가 왜 이 남자를 선택했을까? 도대체 남자답지 못한데다가 언제까지 이렇게 구질구질하게 살아야 하는 거야?"라고 한다면 이 여자의 결혼 생활에 대한 만족도는 80점이 70점, 60점으로 떨어질 수밖에 없습니다. 그런데 이 여자가 "역시 내가 결정은 잘했지. 차분하고 신중한 성격이니 늘 편안한 생활을 할 수 있잖아. 그리고 절약 정신이 투철하니 지금은 조금 힘들어도 나중에는 훨씬 여유 있게 살 수 있을 거야"라고 생각을 한다면 80점이 90점, 95점이 되어 점점 더 만족스러운 결혼 생활을 할 수 있게 될 것입니다.

진로 의사결정도 마찬가지입니다. 재희 님이 고민한 자율형 사립고와 일반고의 장단점을 분석해 자신에게 좀 더 적합한 학교로 자율형 사립고를 선택한 것이므로 이제부터는 '결정을 잘한 것일까? 아니면 잘못한 것일까?'를 따지지 마세요. 지금부터 자율형 사립고의 장점을 어떻게 하면 잘 살려서 내가 원하는 진로 목표에 한 걸음 다가갈 수 있을까를 깊이 생각하기 바랍니다. 물론 자율형 사립고는 우수한 학생들이 모인 집단이므로 매우 치열한 경쟁이 예상되며 스트레스도 심하고 내신 관리도 힘들 것입니다. 하지만 이것을 뒤집어 보면 장점이 될 수도 있습니다. 즉, 치열한 경쟁이 있으면 그 속에서 더 열심히 공부할 것이고 분발한 결과 나의 실력은 최대한 발휘될 것입니다. 대학 입시에 있어서도 내신은 좀 낮을 수 있으나 수능이나 논술 위주의 전형을 잘 활용하면 되겠지요.

최선의 선택을 완성하는 건 자신의 노력입니다.

다시 한 번 강조하지만 최선의 선택은 선택한 이후에 긍정적인 마음가짐을 가지고 그 대안이 갖는 장점을 최대한 살려 나갈 때 만들어지는 것입니다. 반대로 자신이 선택하지 않은 대안의 장점에 미련을 두고 내가 선택한 대안의 단점을 끊임없이 떠올리며 불안한 나머지 학업을 게을리한다면 최악의 선택이 되는 것이지요.

최선의 선택은 정답이 있거나 정해진 게 아니라 내 손에 달려 있는 것, 나의 땀과 노력으로 만들어 가는 것이라는 점을 꼭 기억하기 바랍니다.

끝으로 재희 님은 고등학교 선택 이후에도 계열 선택, 학과 선택, 대학교 선택 등 진로와 관련된 결정을 계속할 것이므로 선택하는 과정에서 유념해야 할 것 두 가지를 안내할게요.

첫째는 충분하고 정확한 정보를 찾는 것입니다.

내가 선택할 수 있는 대안의 특성, 장점, 단점에 대한 정보를 충분히 가지고 있을 때 보다 합리적인, 후회를 줄일 수 있는 선택을 할 수 있답니다. 혹시 어떤 물건이 필요해서 지나가다가 눈에 띄는 하나를 대충 샀는데, 나중에 보니 디자인·성능·가격 면에서 더 좋은 것이 있는 것을 알고 속상해 한 적은 없나요? 이것이 바로 정보 부족에서 오는 실수라고 할 수 있지요.

둘째, 자신의 성향을 고려해야 합니다.

모든 사람이 같은 상황에서 같은 선택을 하지 않는 이유는 자신이 더 중요하게 여기는 조건 또는 가치가 있기 때문입니다. 예를 들어 어떤 물건을 살 때 어떤 사람은 가격은 비싸도 성능을 중시하는 사람이 있는가 하면 어떤 사람은 성능보다는 가격 측면에 더 주력하는 사람이 있지요. 따라서 좀 더 만족스러운 선택을 하기 위해서는 자신이 어떤 것을 더 중요하게 여기는지, 어떤 성향의 사람인지에 대해 충분히 고려해야 합니다.

결론적으로 선택하기 전에는 두 눈을 부릅뜨고 관련 정보를 찾을 것을, 선택한 후에는 단점에 대해 한 눈 질끈 감고 장점을 살리기 위해 최선을 다해 보길 권합니다. 그래야 내가 원하는 미래에 한 걸음 다가설 수 있답니다.

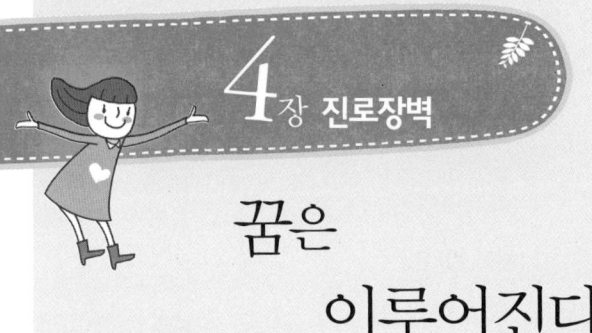

4장 진로장벽

꿈은

이루어진다

사진작가가 되고 싶은데 가정 형편이 어려워요

- **tip**_피아니스트의 귓속말

미술 관련 직업을 목표로 하고 있지만 적성이 부족해서 고민이에요

- **tip**_크리티컬 매스

제가 원하는 꿈을 부모님이 반대하세요

제 꿈은 가야금 연주자이지만 연습하는 게 너무 힘들어요

운동선수가 되고 싶지만 실력이 없어 포기해야 할 것 같아요

- **tip**_프로스노보드 선수에서 스타 셰프로

사진작가가 되고 싶은데
가정 형편이 어려워요

안녕하세요. 고1 학생입니다.

제가 중3 때 사진 쪽 진로로 아버지한테 상담했다가 아버지가 원치 않으셔서 포기한 적이 있었습니다. 그래서 역사 쪽 진로를 택해 공부하고 있는데 고1이 되어 진로적성검사를 하였더니 사진 관련 쪽 적성이 적합하다고 나왔습니다. 그때부터 고민이 시작되었는데요.

제가 알기론 사진학과에 들어가려면 입시 학원에 다녀서 포트폴리오 작성 요령을 알아야 유리하다고 해요. 저희 집이 그럴 형편이 못 돼서요. 만약 다니고 싶다 하면 부모님이 반대하실 거고요. 하지만 제가 학원 안 다니고 3년 동안 혼자 독학해서 준비한다면 우선 무엇부터 해야 할지도 막막하고요. 제가 사진사나 사진작가가 된다면 열심히 할 자신은 있는데 문제는 되기까지의 과정에 필요한 돈이 많이 든다는 것입니다. 주변 친구들하고 사람들이 사진사는 대학 때까지 돈이 엄청 드는데 막상 대학 졸업하고 나면 돈을 못 벌어서 손해라고, 아르바이트도 병행해야 하고, 엄청 힘들고 배 곯고 사는 게 대부분이라고 합니다.

그래서 뭔가 할 수 있다는 용기도 얻을 겸 윤광준 선생님의 『잘 찍은 사진 한 장』이라는 책을 읽었습니다. 그런데 그 책의 내용 중에 윤광준 선생님은 가정 형편을 걱정하지 않아도 돼서 사진학과를 갈 수 있었다고 나오고 친구 분은 돈이 없어서 사진학과를 포기했다는 얘기가 나왔습니다.

꿈을 펼쳐 보기도 전에 돈이 걸림돌이 되네요.

저는 사진작가가 돼서 사진집도 내고 자유롭게 돌아다니면서 풍경 사진도 찍고 누가 부탁하면 달려가 사진을 찍어 주는 그런 프리랜서로 살아가고 싶습니다. 돈 많이 버는 건 별로 상관없고요.

사진 관련 학과를 나오지 않으면 사진가를 하는 데 큰 문제가 있나요?

문과, 이과는 상관없는지, 독학하려면 주로 어떤 것을 해야 하는지 궁금합니다. (영훈)

답변
꿈을 이루는 데 있어 경제적 어려움은 불편할 뿐 포기의 이유가 될 수 없답니다

안녕하세요, 영훈 님.

사진작가가 되고 싶지만 경제적인 어려움에 대한 고민 때문에 상담을 청했군요. 자신의 적성을 충분히 고려하여 사진작가라는 꿈을 찾았는데 경제적인 뒷받침이 힘들어 꿈을 이루지 못할 수 있다고 생각하면 정말 막막하고 속상할 거예요. 사실 많은 친구들이 확고한 꿈을 가지고 있지 못하고, 더 나아가 적성을 바탕으로 한 꿈을 가지고 있는 친구들은 더욱 드물지요. 꿈이 확실한 영훈 님의 글을 읽는 제 마음마저 먹구름이 드리워지는 것처럼 어두워집니다.

게다가 환상만 가지고 사진작가가 되겠다고 생각한 것이 아니라 자신의 진로와 관련된 역할 모델을 찾아보고 그분의 저서를 통해 적극적인 정보 수집까지 한 영훈 님의 진지하고 성숙한 자세까지 생각하면 마음이 더 아프네요.

하지만 뜻이 있는 곳에 길은 반드시 있습니다. 저와 함께 이 문제에 대해 풀어 보도록 해요.

일단 커리어넷(www.career.go.kr) 사이트의 직업 정보 메뉴를 통해 사진작가 준비 방법에 대한 일반적인 정보를 알아볼까요?

▶▶ 정규 교육 과정

사진작가가 되기 위해서 특별히 요구되는 자격이나 학력은 없으나 일반적으로 전문대학이나 4년제 대학에서 사진학, 사진영상학, 사진예술학 등을 전공한다.

대학의 관련 학과에 진학하면 사진학개론, 사진기기론, 디지털사진론 등의 이론적 교육, 사진 촬영과 관련된 각종 실기 교육을 받을 수 있다.

▶▶ 직업 훈련

사설 학원, 동아리 활동 등을 통해 기술을 익혀 진출하기도 하며 사진작가가 되기 위해서는 다양한 사진을 찍어 보는 것이 중요하다.

▶▶ 관련 자격증

관련 자격증으로는 사진기능사, 항공사진기능사가 있다.

위 자료에 따르면 사진작가가 되기 위해 반드시 학력을 갖춰야 하는 것은 아니지만 사진 관련 학과를 전공하는 것이 일반적인 것으로 나오네요. 그리고 고등학교에서의 계열은 예체능인데, 예체능계열이 재학 중인 고교에 없을 경우 문과에서 공부하면 될 것 같습니다.

보다 많은, 보다 구체적인 진로 정보를 위해 해당 학과에 문의해 보세요.

특정한 직업이나 학과의 세부적인 질문에 대해서는 그 분야에서 일하거나 공부하는 분을 통해 알아보는 것이 가장 정확합니다. 따라서 사진학과 진학 준비에 대한 정보는 커리어넷 사이트의 학과 정보에서 사진학과를 검색한 후 몇 군데를 선택하여 직접 알아보는 것이 좋습니다. 제가 찾아보니 상명대학교에 '사진영상미디어전공'이 있어, 전화를 통해 궁금한 사항을 영훈 님 대신 문의했습니다.

일단 기업이나 언론 기관 분야로 취업을 할 경우에는 학력이나 자격증이 필요하지만, 일반 사진 스튜디오 개업을 목표로 한다면 굳이 구애

받지 않는다고 합니다. 사설 사진 아카데미나 포토 스쿨을 통해 얼마든 지 사진 기술을 배울 수 있고요. 가장 중요한 것은 스스로 사진을 많이 찍어 본 경험과 연습 과정이라고 합니다. 대개 스튜디오 개업을 하기 위해서는 먼저 스튜디오에 직원으로 취직해서 경력을 쌓게 되는데, 이 때 박봉과 같은 열악한 처우를 사진에 대한 의지와 열정으로 얼마나 잘 견뎌 내느냐가 직업인으로서의 성공 관건이라고 합니다. 더 궁금한 사 항에 대해서는 학교 홈페이지에서 학과 전화번호를 조회할 수 있으니, 직접 알아보기 바랍니다.

꿈을 이루는 데 경제적인 문제는 불편할 뿐 포기해야 하는 이유는 아 닙니다. 학비 마련을 위해 꿈을 달성하는 데 있어 남보다 조금 더 시간 이 걸릴 수는 있지만 자신이 포기하지 않는 한 누구도 영훈 님의 꿈을 막을 수는 없다는 점을 꼭 기억하기 바랍니다.

영훈 님의 꿈을 향한 힘찬 전진을 누구보다 간절한 마음으로 기원하 겠습니다.

피아니스트의 귓속말

IMF 외환위기가 났을 때. 대구에서 건축자재상을 하던 40대 남자가 부도를 냈다. 남자는 친척의 짐차를 빌려 부인과 둘이 노점상을 시작했다. 딸의 졸업식 때 부부는 딸이 다니는 학교 앞에 좌판을 펴고 꽃다발을 팔았다. 그때 큰딸이 자기 반 아이들을 우르르 몰고 왔다.

"우리 부모님이야. 인사해. 너희들, 꽃 사려거든 꼭 우리 아빠한테서 사라."

돌아오는 짐차 속에서 남자는 울었다. 노점상하는 부모를 당당하게 친구들에게 소개하는 딸이 고마웠다.

그날 아버지를 울린 딸이 독일에 유학해 유명 콩쿠르에서 우승하고, 올겨울 한국 무대에 선다. 수익금 전액을 차상위계층을 위해 기부하는 자선 콘서트다. 6일 서울 영등포구 연습실에서 만난 피아니스트 이수미(26 · 독일 데트몰트음대 박사 과정) 씨는 "돈 많이 버는 피아니스트가 아니라 희망을 주는 피아니스트가 되고 싶다"며 "음악을 전공하는 중고생 중에서 나처럼 어렵게 공부하는 후배들이 있으면 무료로 콘서트에 초대하겠다"고 말했다.

이 씨는 중1 때 학교를 자퇴하고 독일 유학을 떠났다. 독일 문화단체 관계자가 한국에 왔다가 우연히 이 씨 연주를 듣고 "독일은 학비가 무료라 체류비만 있으면 된다"고 권한 덕분이었다. 당시 이씨는 부모가 쥐어 준 38만 원을 들고 혼자 독일행 비행기에 올랐다. 부모가 부쳐 주는 돈은 월 20만~30만 원. 못 부치는 달도 있었다. 다른 학생들이 돈 걱정 없이 공부할 때, 이 씨는 독일어 과외 · 통역 아르바이트를 하고 카페에서 서빙도 했다. 그러면서 하루 5시간 넘게 손가락 끝에 피멍이 들도록 피아노를 쳤다. 이 씨는 유학 5년 만에 독일연방청소년콩쿠르에서 심사위원 전원 일치로 피아노 부문 1등을 했다. 이어 독일 데트몰트음대에 진학했다. 앞으로 1년 뒤면 박사 과정을 마친다.

6일 서울 영등포구 연습실에서 만난 이수미 씨는 "노점상하는 부모님을 한 번도 부끄럽게 생각해 본 적 없다"고 했다. "남들 도울 게 아니라, 부지런히 돈 벌어야 하는 것 아니냐"는 질문에 이 씨는 씩 웃었다.

"유명한 피아니스트가 돼 전 세계를 도는 게 꿈이지만, 돈 많이 벌고 싶어서가 아니에요. 저도 처음엔 저만 어렵게 공부하는 줄 알았어요. 차차 그렇지 않다는 걸 알게 됐죠. 제가 콩쿠르에서 우승한 뒤, 10대 중고생들이 '우리 집도 어렵다'고 편지를 보내왔어요."

이 씨는 그런 후배들에게 '어렵게 사는 게 꼭 손해가 아니더라'라고 말해 줬다고 했다.

"테크닉은 눈으로 보여요. 하지만 고통 없이 자란 친구들은 테크닉이 화려해도 소리가 차가워요. 고생했기 때문에 깊은 감정을 느낄 수 있어요."

(「피아니스트 돼 돌아온 노점상 딸」, 『조선일보』, 2012년 12월 8일)

미술 관련 직업을 목표로 하고 있지만
적성이 부족해서 고민이에요

질문

안녕하세요. 디자인이 하고 싶은 고1 여학생입니다.

저는 초등학교 때부터 미술을 하고 싶었고 중학교 때 꿈을 정했어요. 산업디자인이나 시각디자인을 전공하기로요. 그래서 포토샵 프로그램을 혼자 공부하기도 했고요.

그런데 사실 제가 재능이 있는지는 모르겠어요. 다른 친구들에 비해서 포토샵이나 나모 같은 프로그램을 조금 다룰 줄 알고, 이것들에 대해 호기심이 많긴 하지만요. 저처럼 미술 쪽 전공을 생각하고 있는 친구들을 보면 저보다 더 재능이 많고 창의력이 풍부한 것 같고요. 또 저는 지금 미술 학원을 다니지 않아서 더 위기감이 느껴져요. 어렸을 때부터 미술 쪽 일을 하고 싶다고 생각했기 때문에 지금에서야 다른 쪽으로 전공을 선택하는 건 굉장히 두렵기도 하네요.

과연 제가 선택을 잘한 걸까요? (예은)

적성은 타고나는 것보다 자신의 노력으로 키울 수 있는 부분이 훨씬 크답니다

안녕하세요, 예은 님.

산업디자인이나 시각디자인 등 미술 관련 직업을 생각하고 있지만 적성의 부족, 성적 부진, 늦은 출발 등으로 고민하고 있군요.

일시적인 충동이나 환상이 아니라 초등학교 때부터 한결같이 미술에 대한 흥미를 가지고 있었고, 막연히 꿈만 꾸고 있는 것이 아니라 포토샵 프로그램을 혼자 공부하는 등 꿈을 이루기 위해 지속적인 노력을 기울이고 있는 예은 님의 진지하고 야무진 모습이 눈에 선하네요.

포기하지 않은 열정, 그것이 재능의 진짜 의미인지도 모릅니다.

먼저, 적성은 선천적인 능력만 말하는 것이 아니라 자신의 노력으로 키울 수 있는 부분이 훨씬 더 크다는 점을 기억하기 바랍니다.

예를 들어 가수 비는 가난한 무명 시절에 며칠씩 굶으면서도 춤 연습을 했고, 잠도 하루에 두 시간만 자면서 연습해 오늘의 위치에 올랐다고 합니다. 그가 버는 돈은 그 굶주림과 땀, 눈물의 정당한 대가라고 할 수 있지요.

그룹 윤도현밴드의 리드 싱어 윤도현은 고등학교 때 가수가 되기 위해 기타를 잘 치는 것이 필요하다고 판단하고 기타를 배우기 시작했습니다. 남들보다 늦게 기타를 배웠지만 누구보다 기타를 빨리 잘 치고 싶어서 한겨울에도 아랫목에 꼼짝하지 않고 앉아서 기타 연습을 했다고 합니다. 그 당시의 난방 방식은 온돌로 방 안 공기 전체가 덥혀지는 것이 아니라 아랫목만 바닥이 탈 정도로 뜨거워지는 식이었어요. 윤도현은 바닥이 뜨거운 줄도 모르고 기타 연습에 몰입한 나머지 엉덩이에 화상을 입었고 그 흉터가 지금까지 남아 있다고 합니다.

예은 님에게 하고 싶은 또 다른 이야기는 '1만 시간의 법칙'입니다.

1만 시간의 법칙은 연주자를 살펴본 결과 어릴 때부터 일주일에 세 시간 이상 연습하지 않은 이들, 즉 스무 살까지 2천 시간 정도밖에 연습하지 않은 이들은 모두 아마추어 수준에 머물렀고, 보통 수준인 경우엔 4천에서 8천 시간, 반면에 아주 뛰어난 명연주자 수준이거나 프로가 된 이들은 해마다 연습 시간을 늘려서 총 1만 시간을 연습했다는 결론입니다. 이 또한 성공한 사람들이 결코 타고난 재능만으로 인정받는 것은 아니라는 점을 잘 알려 주고 있습니다.

노력만큼 중요한 것은 긍정적인 마음입니다.

부족한 점들을 노력으로 극복해 나가는 과정에서 반드시 필요한 것은 자신이 처한 상황에 대한 긍정적인 마음가짐이라는 것을 말하고 싶네요. 다음 글을 읽어 보세요.

전도 유망한 두 명의 세일즈맨이 아프리카로 출장을 갔습니다. 그들은 다름 아닌 신발을 수출하기 위해 미개척 시장인 아프리카로 날아간 것이었습니다. 무척 더운 곳이라 아프리카 사람들은 아무도 신발을 신지 않은 채 맨발로 살고 있었습니다. 두 사람은 오랫동안 지역을 답사한 뒤에 각각 본사로 다음과 같은 보고서를 보냈습니다.

한 사람의 보고서에는 어쩌면 지극히 당연한 내용이 적혀 있었습니다.

'전원 맨발로 다니고 있음. 이 지역은 신발이 필요 없는 곳임. 수출 가능성이 없음.'

사실 그대로를 본사에 알린 것이었습니다. 하지만 다른 한 사람의 보고서 내용은 앞사람의 것과는 판이하게 달랐습니다.

'전원 맨발로 다니고 있음. 이 지역은 무궁무진한 잠재 시장임. 수출 가능성 100%.'

(박성철, 『쉼터』, 지원북클럽, 1998)

끝으로 긴급구호전문가 한비야 씨의 글은 포기하지 않는 마음가짐과 지속적인 노력이 꿈을 이루는 데 얼마나 중요한 역할을 하는지 분명하게 보여 줍니다.

"두드려라, 열릴 때까지."

최근 내가 자주 쓰는 말이다. …(중략)… 이 말은 "문을 두드려라, 열릴 것이다"라는 성경 구절을 무엄하게도 살짝 패러디한 것이다. (내가 만든 말이지만 멋지지 않은가?) 아무리 애를 써도 진전이 없어 지치기 시작할 때,

열심히 목표를 향해 달리고 있지만 끝이 보이지 않을 때, 눈앞의 장애물이 너무 커 그만 포기하고 싶을 때마다 이 한마디가 내게 얼마나 큰 용기를 주는지 모른다. 내가 덕을 톡톡히 보았기 때문에 지금은 나에게 길을 묻는 젊은이들에게 이 말을 자주 해 준다. 특히 "나는 되는 일이 없어요. 아무리 노력해도 안 돼요. 학연, 지연, 혈연도 없고 운도 없어요"라고 하는 친구들에게는 잊지 않고 꼭 해 주는 말이다.

얼마나 마음이 무겁겠는가? 얼마나 답답하고 속상하겠는가? 그러나 내게 물었으니 하는 말인데, 이런 불평이나 푸념이나 하소연을 하기 전에 스스로에게 한번 솔직히 물어보자. 정말 당신은 끝까지 문을 두드렸는가? 일단 벽이 아니라 문이라는 것만 확인되면 끝까지 두드려야 뭐가 되어도 되는 것이다. 문이라면 열리게 되어 있다. 다른 사람에게는 열린 문이 왜 당신에게만 열리지 않겠는가? 인디언들이 가뭄이 심해 기우제를 지내면 반드시 비가 온다고 한다. 그럴 수밖에 없다. 그들은 비가 올 때까지 계속 기우제를 지내니까. …(중략)… 대학에 떨어진 지 6년 만에 다시 대학에 가기로 결심했을 때는 대입 선발 고사를 겨우 일곱 달 남긴 시점이었다. 나는 재수하는 데 드는 학원비와 대학 첫 등록금은 물론 내 용돈과 생활비를 벌어야 했기 때문에 하고 있던 네 개의 아르바이트를 단 하나도 그만둘 수가 없었다. 절대적인 시간이 부족한데 일하는 시간은 줄일 수 없으니 무조건 잠자는 시간을 줄여야 했다. 하루에 세 시간 이상 자는 건 사치였다. 이번이 가고 싶은 대학에 갈 수 있는 마지막 기회라고 생각하니 저절로 이가 악물어졌다. 밤을 꼬박 새워 공부하고 이른 아침에 아르바이트를 하러 가려고 집을 나서면 머리가 핑, 돌았다. 잠이 모자라서 하늘이 늘 노랗게 보였고 시도 때도 없이 쏟아지는 졸음을 쫓느라 눈 밑에 안티푸라민이라는 약도 수없이 발랐다. 같이 시작한 친구들이 도중에 그만두는 걸 보면서 나도 포기만 하면 당장 이 괴로움에서 벗어날 수 있을 텐데 하는 유혹도 있었다. 그러나 시험 보는 날까지 죽지 않고 견디면 뭐가 되어도 될 거라고 나를 다독였다. 나는 일기장에 이렇게 적으며 어금니를 악물었다.

"어떻게 하든 참고 견디자. 이 고비는 반드시 넘어갈 것이고 나는 더욱 단단해질 것이다."

7개월간의 총력전 끝에 나는 원하는 대학에 갈 수 있는 성적을 얻었다. 그때 내가 도중에 포기하지 않고 끝까지 문을 두드려서 얼마나 다행인지 모른다. 아니었다면 나는 사뭇 다른 인생을 살고 있을 것이다. …(중략)… 혹시 당신은 인생의 오르막길이 힘겨워 그만둘 것을 심각하게 고민하는가? 내 경험상, 안간힘을 쓰며 붙들고 있던 끈을 '나, 이제 그만할래' 하고 놓아 버리면 그 순간은 고통에서 해방되는 것 같지만 곧이어 찾아오는 '포기의 고통'은 더욱 깊고 오래갔다. 어쩌면 그 어려움이 마지막 고비였을지도 모르는데, 그것만 넘었으면 문이 열렸을지 모르는데, 하면서 후회막심이었다. 돌이킬 수 없기에 그 후회는 더 뼈아프다. 그러니 젖 먹던 힘까지 내서 한 발짝만 더 가 보는 거다. 이제 정말 그만하고 싶을 때 한 번만 더 해 보는 거다. 딱 한 번만 두드려 보는 거다. 집주인이 문 뒤에서 빗장을 열려던 참인데 포기하고 돌아선다면 너무나 아까운 일 아닌가.

그러니 내가 이렇게 말할 수밖에.

"두드려라, 열릴 때까지!"

(한비야, 『그건 사랑이었네』, 푸른숲, 2009)

내 눈앞의 걸림돌이 디딤돌이 될 수 있게 마음을 다잡아 보세요.

자신이 흥미를 느끼는 직업에 종사하기 위해 애쓰다가 장애물을 만났을 때 그것 때문에 안 되겠다라는 마음보다는 이 장애물을 어떻게 극복할 수 있을까 생각하며 계획을 꾸준히 실천하는 것이 성공의 지름길이라고 할 수 있답니다.

따라서 진짜 진로 장애물은 능력 부족, 성적 부진, 어려운 가정 형편, 신체적 약점 등 객관적인 상황이 아니라 장애물 앞에서 좌절하고 포기하는 나약한 마음입니다. 이러한 진로 장벽을 인생의 걸림돌이 아니라 자신을 더욱 분발시켜 능력과 적성을 키울 수 있는 디딤돌로 활용하는 긍정적 인식은 꿈을 이루는 데 무엇보다 필요한 마음가짐이라고 할 수 있습니다.

결론적으로 자신이 처한 상황에 대한 긍정적인 마음가짐과 꿈을 향한 지속적인 노력, 이것이 바로 꿈을 이루는 열쇠라고 할 수 있지요. 자, 그럼 예은 님의 꿈을 향해 힘차게 출발해 볼까요?

크리티컬 매스

크리티컬 매스(critical mass)!

임계질량이라고 흔히 번역되는 이 말은 물리학에서 나온 개념이다. 어떤 핵분열성 물질이 일정한 조건에서 스스로 계속해서 연쇄 반응을 일으키는 데 필요한 최소한의 질량을 말한다. 이 개념은 사회학, 심리학, 경영학 등에 광범위하게 차용되면서 널리 알려지긴 했지만 아직도 일반에게는 생소할 수 있는 개념이기도 하다. 그런데 남다른 성취를 이룬 사람들이 크리티컬 매스를 만들어 낸다는 것은 무슨 말일까. 예를 들어 생각해 보자. 사람들은 저마다 자신만의 정원에 나무가 있다. 그냥 나무가 아니라 꽃 피는 나무다. 그 꽃은 사람들이 자신의 인생을 자신이 원하는 것으로 이룰 때 피워 내는 꽃이다. 그런데 이 나무가 꽃을 피우기 위해서는 영상 15도의 온도에 이르러야만 한다. 1도, 아니 0.1도만 모자라도 꽃은 피지 않는다. 바로 이 15도가 크리티컬 매스다. 사람들이 자신의 나무의 꽃을 피우기 위해서는 내면의 자가발전기를 돌려야 한다. 자가발전기는 훈련일 수도 있고, 지독한 노력일 수도 있으며, 극기의 양일 수도 있다. 0도에서 시작해 2도, 3도 오르기 시작한다. 그러나 갈 길은 멀다. 아직 12, 13도를 더 올려야 한다. 그런데 어찌된 일인지, 조금씩이라도 올라가던 온도가 8, 9도에 멈춰 서서 더 이상 올라가지 않는다. 지친다. 지레 내 나무는 꽃이 피지 않는다며 단정해 버리고 포기해 버린다. 실패가 무서워 포기해 버리고, 부정적 자아만을 쌓는 것이다. 자, 여기서 멈추면 그이의 인생의 나무는 꽃피우지 못하는 것이다. 그이의 안에 씨앗이 없거나 원래 꽃을 피우지 못하는 나무로 태어나서가 아니라 단지 15도, 크리티컬 매스에 이르지 못했기 때문에 꽃을 피우지 못하는 것이다.

스타 배우로 우뚝 선 장혁은 〈피플인사이드〉 인터뷰에서 자신이 어떻게 발화했는지 설명했다.

"오디션에서 정말 많이 떨어졌어요. 제 성격이 상당히 긍정적인데 12, 13번 떨어지니까 못 버티겠더라고요. '내 길이 아닌가' 하는 생각도 괴로웠지만 무엇보다 날 미치게 만들었던 건 떨어질 때마다 도대체 왜 떨어지는지를 모르겠다는 거였어요. 그때는 '나름대로 정말 열심히 준비했고 이 정도면 되지 않겠나' 생각했어요. 그런데 어느 날 깨달은 거죠. 아, '나름대로'와 '이 정도면'을 빼야 하는 거구나! 그러면서 내가 생각하는 것과 다른 사람들이 원하는 것의 차이를 메우기 시작했고, 남이 원하는 것을 공부하기 시작했죠. 나를 만들어 나간 것이에요."

119번이나 떨어졌단다. 120번째에야 붙었단다. 말이 그렇지 119번을 떨어지고 '이 길을 가겠다'라는 초심을 잃지 않는 사람이 몇 명이나 되겠는가. 그것도 생전 처음 본 사람들 앞에서 울라면 울고 웃으라면 웃고 춤춰 보라면 춤추면서 말이다. 만약 그가 119번째에 포기했다면 그는 〈추노〉에서의 대길도, 〈마이다스〉에서의 김도현도 보여 주지 못했을 것이다. 120번이 그가 배우가 되기 위해 그 내면의 산을 넘는 크리티컬 매스였던 것이다.

(백지연, 「백지연의 매력 발전소」, 『중앙일보』, 2011년 5월 7일)

제가 원하는 꿈을
부모님이 반대하세요

안녕하세요. 고등학교 문제로 고민하고 있는 중3 여학생입니다.

전 3학년 전교생 약 340명 중에 1학년 때부터 50~70등 중상위권을 유지해 오고 있습니다.

이제 2학기 중간고사까지 봤는데 고등학교 입학 문제로 부모님과 마찰이 자주 일어납니다.

부모님은 계속 가난하게 살고 싶지 않으면 무조건 일반고 나와서 대학을 가래요. 제가 잘되어야 밑에 있는 남동생 둘도 잘된다면서……

아빠랑 얘기하면 무조건 아빠 말이 진리라는 듯 저에게는 시끄럽다고 그만하라고, 더 이상 말하지 말래요. 말도 막아 버리고…… 그러니 무슨 대화를 하겠어요.

하지만 전 여상(특성화고)에 진학해서 내신 1~2등급을 유지하고 공부도 열심히 해서 회계와 관련된 과가 있는 대학교에 들어갈 거예요.

그래서 회계사자격증을 따고 싶어요. 아니면 바로 고등학교 졸업하고 은행에 취업하거나 투자상담가, 펀드매니저 등을 하고 싶고요.

부모님은 제가 회계사를 하고 싶다니깐 반대는 안 하시는데 제가 여상 간다니깐 자꾸 안 된다고 하세요.

작년에 졸업한 선배한테 제 지금 중학교 성적으로 인문계를 가면 전교 몇 등 정도 하냐고 물어봤는데 열심히 하면 80~100등 안에 들 거고, 평범하게 하면 100등 안에도 들기 힘들대요. 그럼 내신은 어떻게 얻어요.

차라리 상고 가서 상위권 안에 들면서 장학금 받고 다니고 싶어요.

이런 거 다 말씀드렸는데도 자꾸 상고는 안 된대요. 며칠 전에 2학기 중간고사까지 봐서 여상 가려면 곧 원서 써야 해요.

부모님 설득할 수 있게 도와주세요. (소연)

답변

구체적인 자료를 바탕으로 부모님께 편지를 써 보세요

일반고와 특성화고 선택에 대한 부모님과의 갈등 때문에 상담을 청했군요.

소연 님의 글을 읽으며 자신의 미래에 대한 구체적인 정보와 계획을 갖고 있는 상황임에도 불구하고, 입시를 코앞에 둔 시점에서 부모님이 강하게 반대하시니 얼마나 답답하고 막막할까 하는 생각이 들었어요.

그런데 사실 이렇게 진로 선택(학과, 학교, 직업 등)에 대한 문제를 가지고 부모님과 갈등을 겪는 경우가 적지 않아요. 지금까지 진로를 선택해야 하는 상황이 거의 없었고 어떤 문제가 있었다 해도 어렸기 때문에 주로 부모님이 대신해 주셨으니 이렇게 치열한 갈등 상황은 정말 힘들고 고통스러울 거예요.

한편으로 생각하면 앞으로도 부모님과 진로 문제로 부딪히는 상황은 얼마든지 있을 수 있습니다. 이번 기회에 이러한 문제를 해결하는 방법을 익혀 둔다면 앞으로 어떤 갈등 상황이 닥쳐와도 슬기롭게 해결할 수 있을 거예요.

자, 그럼 이 문제를 함께 살펴볼까요?

좀 더 구체적인 관련 자료를 찾아 스크랩하여 부모님께 제시해 보세요.

부모님께서는 아무래도 과거 경험에 따른 정보를 갖고 계시기 때문에 현재의 교육제도나 특성화고에 대한 이해가 좀 부족하실 수 있어요. 따라서 소연 님이 가고자 하는 특성화고에 대한 구체적인 자료는 부모님을 설득하는 데 효과적인 수단이 되어 줄 거예요. 예를 들어 특성화고의 취업 분야와 취업률(원하는 학교의 홈페이지나 전화 문의를 통해 알아보세요), 특성화고 특별전형(특성화고 학생이 고등학교 전공을 살려 대학을 갈 때 일반고 학생과는 별도로 뽑기 때문에 유리한 전형) 및 합격 사례, 회계학과가 개설된 대학의 특별전형 관련 자료 등을 찾아 스크랩해서 그것을 근거로 부모님과 대화를 나눠 보기 바랍니다. 아울러 자신이 원하는 직업에 대해서도 세부 정보를 수집해 보세요. 커리어넷 사이트(www.career.go.kr)의 직업 정보 검색(44~45쪽 참고)을 통해 하는 일, 준비 방법, 적성과 흥미, 연봉과 전망, 관련 학과와 자격증 등을 알 수 있습니다. 이러한 자료를 바탕으로 앞으로 자신이 그 꿈을 달성하기 위해 어떻게 노력할 것인지 세부 계획(고등학교 선택을 포함하여)을 세워 보세요. 이 자료 또한 부모님으로 하여금 소연 님이 얼마나 진지하게 자신의 미래를 고민하고 있고, 준비하고 있는지 느끼시게 해 드리는 강력한 도구로써 작용할 것입니다.

부모님의 이야기에도 진지하게 귀를 기울여 보세요.

부모님은 누구보다 소연 님을 아끼고 사랑하며 님이 성공하고 행복하기를 바라는 분들입니다. 사실 남의 자식이 부모와 이런 갈등을 겪고 있다면 그저 '자식이 그렇게 원하는데 원하는 대로 해 주지그래'라고 '쿨'하게 물러섰을지도 모르지요. 그런데 내가 가장 잘되기를 바라는 내 자식이기 때문에 지금까지 살아온 세월 속에서 축적된 경험과 지식을 모두 동원해 소연 님께 그러한 주장을 펼치시는 것입니다. 부모님의 이야기를 무조건 반박하고 듣지 않으려는 자세를 보일 때 부모님은 감정적으로 서운할 수밖에 없고 이는 갈등의 골을 더욱 깊게 만들어 문제 해결로부터 점점 멀어질 수 있다는 점을 꼭 기억하세요.

대화가 어렵다면 부모님께 편지를 보내 보세요.

대화를 나눌 경우 감정적으로 치달을 가능성이 있기 때문에 부모님께 소연 님의 뜻을 충분히 담은 편지를 드리는 것도 하나의 방법입니다. 왜 특성화고를 가고 싶은지, 특성화고를 갈 때 어떤 유리한 점이 있고, 진학을 희망하는 학교의 취업 분야와 취업률, 동일계 특별전형 합격 사례 등(위에서 찾은 자료를 바탕으로)을 글로 작성하여 드린다면 부모님께서는 훨씬 진지하게 님의 뜻을 고려하실 것입니다.

담임 선생님의 도움을 받아 보세요.

소연 님이 고민하고 있는 것을 담임선생님과 1차적으로 상담한 후 부모님 설득에 대한 협조를 요청드리는 것도 효과적일 수 있습니다. 담임선생님께서는 현재의 입시 제도에 대한 정보뿐만 아니라 소연 님의 성적과 특성에 대해서도 가장 잘 알고 계시기 때문에 지금 상황에서 객관적인 판단을 내리는 데 큰 도움을 주실 수 있을 거예요.

소연 님이 이렇게 부모님을 설득하는 과정에서 좀 더 학업에 전념하고 성실한 생활 태도를 보인다면 부모님은 좀 더 믿음을 가지고 소연 님의 의견을 고려하실 거예요. 소연 님의 태도가 무조건적인 반항이나 치기 어린 것이 아니라 보다 성숙하고 의젓하게 보일 것이며 원하는 직업에 대한 소연 님의 진지한 열정을 느끼실 수 있을 테니까요.

참고로 에픽하이의 리더 타블로의 경우 스탠퍼드 대학 재학 시절 가수가 되겠다고 했을 때 부모님의 극심한 반대에 부딪혔다고 합니다. 이 때 타블로는 자신의 뜻만 고집하기보다 먼저 부모님이 원하시는 전 과목 A$^+$를 받은 후 허락을 받아 가수에 데뷔했다고 해요.

가수 박정현이 부모님의 반대를 극복한 사연을 알아볼까요? 고교 성적이 좋았던 박정현은 하버드 대학에 가려고도 생각했습니다. 그러나 대학에 진학할 때 즈음 가정 형편이 안 좋아졌고 하버드는 학비가 비싼데다 거주하는 캘리포니아주를 떠나면 생활비가 두 배가 되었다고 합니다. 거주하는 지역의 학교를 가면 학비를 절반으로 깎아 주는 '거주민 학비 제도'가 있기 때문이지요. 또한 지역 학생은 학자금 대출에도 유리하구요. 그래서 박정현은 하버드 진학을 포기하고 캘리포니아주에서 UC버클리 다음으로 좋은 학교인 UCLA 연극영화과 진학을 결정합니다. UCLA가 할리우드 바로 옆에 있어 영화계 주요 인사들이 강의를 하기 때문입니다. 열심히 공부해 온 박정현이 연극영화과로 진학한다는 것에 그녀의 부모님은 반대했습니다. 부모님은 박정현이 UCLA에 지원하는 것은 알았지만 연극영화과에 가는 것은 몰랐다고 해요. 아버지는 박정현이 목회를 잘할 것 같다는 생각에 신학과에 가길 바랐고.어머니는 변호사가 되길 바랐습니다. 박정현은 부모님을 설득하기 위해 부엌에서 프레젠테이션을 준비해 대본을 외워서 조목조목 이유를 나열하고 "미국에서 활동하는 한인 변호사는 많지만 예술인은 적다"며 여러 가지 이유를 들어 1시간 반 동안 설득했다고 합니다. 그리고 교회에 피아노 칠 사람이 없다는 이야길 듣고 박정현이 교회에서 매주 피아노를 쳐 주기로 약속했고요. 그러한 노력 끝에 부모님을 설득하여 원하는 전공을 할 수 있었으며, 기숙사에서 생활하겠다는 약속까지 받아 내며 꿈꿔 오던 독립에도 성공했다고 합니다.

혹시 앞에서 제시한 과정을 성실하게 실천했지만 원하는 결과가 안 나올 수도 있습니다. 그렇지만 자신이 그 꿈을 포기하지 않는 한 누구도 소연 님의 꿈을 막을 수 없다는 점을 꼭 기억하기 바랍니다. 비록 꿈을 달성하는 시기가 좀 늦어질 수는 있지만요.

아울러 특성화고를 갈 경우 일반고에는 없는 학과가 있기 때문에 혹시 현재 진학을 희망하는 학과가 자신의 특성에 잘 맞지 않는다면 학교 생활 만족도가 떨어질 수 있다는 점, 특별전형으로 대학에 진학해도 입학 후에는 일반고 학생과 똑같이 성적 경쟁을 해야 하기 때문에 학점 관리가 어렵다는 점(일반고에 비해 특성화고는 학과의 실무 능력 향상에 초점을 맞춰 교육 과정을 구성합니다. 그렇기 때문에 대학 공부에 필요한 영어, 수학에 대한 대비에는 불리할 수 있습니다) 취업을 할 때 아직도 대졸자에 비해 고졸자에 대한 사회적 편견이 있다는 점도 함께 고려하기 바랍니다.

제 꿈은 가야금 연주자이지만 연습하는 게 너무 힘들어요

질문

　　제가 지금 가야금을 3년째 하고 있는데 연습이 지루하고 귀찮아서 선생님께 매일 혼나요.

　　옛날엔 꿈이 성우였지만 수입이 일정하지 않을 수 있고 되기도 어렵고 제 주위 사람들이 왜 하냐고 해서 국악인으로 꿈을 바꿨어요.

　　가야금을 할 때 즐거운 순간도 있지만 너무 어렵고 힘이 들어서 질려 버렸나 봐요.

　　제가 과연 국악인을 할 수 있을까 매일 생각하지만 마음은 아닌가 봅니다. 이미 국악인이 못 될 것 같다고 생각하는 것 같기도 해요.

　　어떡하죠?

　　매일 연습해야지, 공부해야지…… 이러면서 놀기만 해요.

　　'이래서야 나중에 뭐가 될까'라는 생각을 하고 있으면 저 스스로가 한심하고 고민이 됩니다. (근영)

국악 직업에 대한 최종 목표와 세부 계획을 수립하고 실천해 보세요

가야금 연주자라는 꿈을 가지고 가야금을 연습하고 있지만, 가야금 연습이 어렵고 고단한 점과 목표 달성에 대한 불안감 때문에 힘들어 하고 있군요.

게다가 가야금 연주뿐만이 아니라 공부까지 병행해야 하니(공부 한 가지만 가지고도 힘들어 하는 친구도 많으니까요) 더욱 벅차고 부담스러울 것 같네요. 하지만 선생님은 근영 님의 글을 읽으며 이렇게 상담을 청하는 것 자체가 자신의 꿈을 가로막는, 마냥 놀고 싶은 마음을 잘 극복해 보려는 마음의 표현이라고 여겨지고 이것은 근영 님이 가진 문제의 해결을 위한 가장 좋은 출발점이라고 생각해요.

지금 근영 님에게 필요한 것은 놀고 싶은 마음, 목표를 이루지 못할지도 모른다는 불안감과 같은 장애물을 극복하기 위해 마음을 가다듬는 과정이라고 생각합니다.

성공한 사람도 다른 사람들처럼 똑같이 장애물을 만나지만 그것을 남다른 노력으로 극복하기 때문에 성공할 수 있었던 것입니다.

피겨 선수인 김연아의 이야기를 들어 볼까요?

훈련을 하다 보면 늘 한계가 온다. 근육이 터져 버릴 것 같은 순간, 숨이 턱까지 차오르는 순간, 주저앉아 버리고 싶은 순간…. 이런 순간이 오면 가슴속에서 뭔가가 말을 걸어 온다. '이 정도면 됐어', '다음에 하자', '충분해'하는 속삭임이 들린다. 이런 유혹에 문득 포기해 버리고 싶을 때도 있었다. 하지만 이때 포기하면 안 한 것과 다를 바 없다. 99도까지 열심히 온도를 올려놓아도 마지막 1도를 넘기지 못하면 영원히 물은 끓지 않는다고 한다. 물을 끓이는 건 마지막 1도, 포기하고 싶은 바로 그 1분을 참아내는 것이다. 이 순간을 넘어야 그다음 문이 열린다. 그래야 내가 원하는 세상으로 갈 수 있다.

(김연아, 『김연아의 7분 드라마』, 중앙출판사, 2010)

이처럼 김연아 선수도 연습 중에 많은 어려움을 만났지만 그것을 강한 의지로 극복했기 때문에 오늘의 자리에 오를 수 있었고 그 결과로 명예와 인기를 누릴 수 있는 것입니다.

원하는 길로 가장 빨리 가는 확실한 방법은 노력이라고 주장하는 야구선수 추신수의 이야기도 한번 들어 볼까요?

그렇게 감독님께도, 방황하는 형들에게도 모범생으로 낙인찍힌 고등학생 추신수는 미국에서도 '연습벌레 추'로 불린다. 스프링 캠프 때도 남들보다 다섯 시간이나 이른 새벽 4시 30분부터 연습을 시작하는 것은 미국 선수들에게도 정평이 나 있다. 이런 습관은 어려서부터 길러 온 탓에 이제는 스스로가 정해 둔 훈련량을 채우지 않으면 찝찝할 정도이다. 워낙 야구로 이름난 학교들을 다녀 그 학교 나름의 훈련도 대단했지만 그것에 더해서 추가로 연습을 해야 직성이 풀리곤 했기에 기초 연습량이 많은 편이다. 합숙을 할 때면, 자는 시간이 아까워 혼자 나와 배팅 연습을 하기도 할 정도였으니 말이다. 무엇보다 야구가 재미있었기에 가능한 일이었다. 친구들과 함께 훈련했던 것을 바탕으로 혼자 이렇게 저렇게 다시 연습해 보는 것이 좋았고 그다음 날이 되어 발전되어 있는 모습이 보이면 재미를 느꼈다. 또 내 완벽주의가 연습 시간을 늘리게 한 면도 있었다. 경기 중에 허둥대는 것은 스스로가 용납할 수 없었다. 완벽히 준비된 모습으로 경기에 나서고 싶었고 그럴 때 경기를 가장 신나게 이끌어 나갈 수 있었다. 그러기 위해선 끊임없이 연습해야 했고 딴짓을 할 시간이 없었다. 그런 이유 때문인지 특별한 사춘기가 기억나지 않는다. 사춘기 시기가 왔을 때가 있긴 했겠지만 야구나 진로에 대한 고민을 많이 했지 남들이 흔히 겪는 방황 같은 것은 없었던 걸로 기억된다. 당시 친구들이 한창 멋을 부릴 때였는데 부모님 없이 혼자 시내로 옷을 사러 나가는 친구를 보고 충격을 받을 정도였다. 내적인 고민을 외모나 이성에 대한 관심 혹은 반항 같은 격한 행동으로 풀기보다는 현실적인 대책을 찾아 극복하는 쪽으로 풀었다. 지금 생각해 보면 철이 빨리 들었거나 무척 순진했거나 둘 중 하나이지 않았을까 한다. 내가 가장 고민했던 야구를 어떡하면 잘할 수 있냐는 물음은 자연스레 나를 연습으로 이끌었다. …(중략)…

지금도 감사하다. 그때 길러진 좋은 습관이 차근차근 지금의 나를 만든 것 같다. 어떤 직종이든 다 그렇겠지만 특히 몸으로 실력을 보여야 하는 운동선수에게 요행은 없다고 생각한다. 끊임없고 게으름 없이 내 몸 하나하나에 야구의 요소를 각인시켜 동물적인 본능으로 만드는 것이 실수를 줄일 수 있는 최고의 방법이다. 그렇게 완벽하게 내 것이 되어야만 경기에 자신감을 주고 결국 즐기게 만드는 원동력이 된다고 생각한다. WBC때 국가대표팀에서 처음 알게 된 김인식 감독님도 "그 친구 처음 봤는데 모범생이라고 생각한다"라고 나를 평가하신 적이 있는데 처음으로 나라에서 인정받는 기분이 들어 기뻤다. 사람들은 때때로 빨리 가는 길이 있다고 생각하고 연습을 많이 하는 것을 보며 융통성 없다고 하는 경우가 있다. 그러나 내가 봤을 때 원하는 길로 실수 없이 가는 가장 확실한 방법은 끊임없이 노력하는 것밖에 없다고 생각한다. 그리고 그것이 스스로에게 거짓말하는 것만 아니라면 언젠가 분명히 성공이라는 보상을 해 줄 것이라고 믿는다. 나는 아직 성공하지 않았고 그래서 여전히 그 방법으로 나를 단련시키고 있다. 그래서 나는 "열심히 하는 선수"라는 타인의 평가가 가장 달갑다.

(추신수, 『오늘을 즐기고 내일을 꿈꾸다』, SEEDPAPER, 2011)

직업 정보를 바탕으로 세부적인 계획을 수립하고 실천해 보세요.

앞서 예시한 김연아 선수의 또 다른 성공 비결은 무엇일까요? 하나는 그녀의 이력에서 엿볼 수 있습니다. 바로 '올림픽 금메달'이라는 장기 목표를 세우고 그것을 이루기 위해 단기 목표를 치밀하게 세워 하나씩 실천했다는 것이지요.

근영 님에게도 이러한 과정이 필요합니다. 먼저 가야금 선생님과의 대화를 통해서 그리고 커리어넷(www.career.go.kr) 사이트 직업 정보 메뉴의 '직업명 검색' 카테고리를 통해서 가야금 관련 직업에 대한 세부 정보를 수집해 보세요. 그리고 근영 님이 가야금 연주자로서 꼭 이루고 싶은 원대한 꿈을 세워 보세요.

가야금으로 꿈을 이룬 분의 책을 읽어 보며 가야금에 대한 마음가짐, 꿈을 이룬 과정, 위기 극복 방법 등을 살펴보는 시도도 권해 봅니다.

깊은밤 그 가야금 소리

황병기 | 풀빛 | 2012

가야금 명인인 저자가 자신의 음악 세계와 가야금에 얽힌 사연들을 담백하게 토로한 에세이입니다. 국악의 참맛, 동서양 악기의 만남, 대중가요와 민요, 국악과 대중음악, 춤의 무게와 깊이 등 음악에 대한 생각을 담은 글들이 쓰여 있습니다.

　이러한 정보를 바탕으로 최종 목표를 이루기 위해 세부 계획을 수립해 보세요. 10년 단위, 5년 단위, 1년 단위, 월 단위, 일 단위로 체계적인 계획을 세우는 것입니다. 가야금 연습이 심드렁해지고 지칠 때마다 최종 목표를 새롭게 되새기며 하루하루 세부 계획을 실천해 나간다면 지금 느끼는 위축감이나 불안감을 효과적으로 극복할 수 있을 거예요. 이때 다음의 표를 활용해 보세요.

1년 후의 나의 모습	목표 달성을 위해 해야 할 일

5년 후의 나의 모습	목표 달성을 위해 해야 할 일

10년 후의 나의 모습	목표 달성을 위해 해야 할 일

20년 후의 나의 모습	목표 달성을 위해 해야 할 일

역할 모델을 갖는 것도 자신이 원하는 목표에 대한 애정과 의지를 회복하고, 수시로 찾아오는 슬럼프를 극복하는 데 많은 도움이 됩니다.

다음 내용을 읽어 보고 자신의 역할 모델은 누가 될 수 있을지 생각한 다음 구체적인 자료 수집을 해 보기 바랍니다. 역할 모델에 대해서보다 자세한 내용은 96~99쪽을 참고하세요.

내가 피겨 선수의 길을 가기로 한 다음 해에 동계올림픽이 있었다. 1998년 2월에 있었던 나가노 동계올림픽. 이때 있었던 피겨 경기를 담은 테이프를 돌려 보는 것이 내 일과 중 하나였다.

나는 그 경기에서 내 꿈의 실체를 발견했다. 내 마음을 단번에 사로잡은 선수를 만난 것이다. 당시 은메달을 딴 미셸 콴. 그녀는 다른 스케이터에게서 느낄 수 없는 특별한 느낌이 있었다.

'아, 나도 저렇게 멋지게 스케이트를 타고 싶다.'

막연하게 스케이트 선수가 되고 싶다는 생각을 하던 내게 닮고 싶은 사람이 생긴 것이다.

나는 비디오를 보고 나면 어김없이 거실을 빙판 삼아 한바탕 '스케이트 판'을 벌이곤 했다. 잘 기억나지 않지만 엄마 말씀으로는 마치 내가 미셸 콴이라도 된 양 주변은 아랑곳하지 않고 따라하기에 몰두했다고 한다. 온몸이 땀으로 범벅이 되는 줄도 모르고……. 레슨이 없는 주말에도 엄마를 졸라 스케이트장에 가서 놀곤 했다. 지금처럼 대회에 대한 압박감이나 잘해야 한다는 중압감 없이 순수하게 재미로 스케이트를 타던 시절이었다.

특히 같이 레슨을 받는 친구들과 '동계올림픽 놀이'를 하는 것이 재미있었다. 각자 좋아하는 선수가 되어 피겨 경기를 하는 놀이인데, 진짜 경기처럼 이름을 호명하면 앞으로 나와 그 선수가 되어 연기를 해야 했다. 나는 항상 '미셸 콴'이 되어 그동안 집에서 갈고 닦은 프로그램의 동작과 표정 연기를 따라하곤 했다. 그중에서도 경기를 시작할 때 선수가 장내 아나운서의 호명과 함께 관중의 환호를 받으며 링크 중앙으로 나오는 장면을 좋아했다.

경기 직전에 코치와 짧은 사인을 주고받으며 떨리는 마음을 한 번의 긴 호흡으로 눌러 삼키면서도 관중들의 환호에 답해야 하는 숨 막히는 긴장감. 엄마 말씀으로는, 아직 경기도 진지하게 해 본 적 없는 어린애가 어찌 그리 그럴듯하게 표현하는지 신기하기만 했다고 하신다. 내가 그랬나?

경기 직전은 지금의 나에게도 떨리는 순간이다. 하지만 그런 놀이를 통한 경험이 도움이 되어서일까, 어린 시절 나는 다른 사람들에 비해 경기를 치를 때 크게 긴장하지 않는 편에 속했다. 그래서인지 결과는 항상 기대 이상이었다. 그런 나를 보면서 류종현 코치님은 '연아는 시합용이다'라고 말씀하시곤 했다. 그 말은 이상하게도 나에게 자신감을 불어넣어 주었다.

'그래, 나는 시합에서 더 잘하지! 할 수 있어!'

이런 생각으로 경기를 하면 연습 때 잘 안 되던 점프도 성공시키곤 했다. 하지만 차츰 더 큰 경기를 치르러 나가면서 내게도 솜털까지 빳빳하게 서는 긴장감이 찾아왔다. 그리고 그런 감정을 얼마나 잘 다스리고 포장하는가에 따라 경기력이 결정된다는 것 또한 알게 되었다. 언제나 차분한 모습으로 경기에 임하는 미셸 콴을 떠올리며, 피겨 선수에 대한 나의 꿈은 무럭무럭 자라나고 있었다.

(김연아, 『김연아의 7분 드라마』, 중앙출판사, 2010)

적절한 휴식은 필수, 그리고 선배의 조언에 귀 기울여 보세요.

끝으로 적절한 휴식과 같은 길을 가는 선배의 조언도 필요하다는 얘기를 하고 싶네요.

혹시 너무 연습만 하다 보니 적절한 휴식을 취하지 않아 더욱 지치는 것은 아닌지요? 하루를 계획할 때 연습과 휴식을 적절히 배분하여 자신의 에너지를 효율적으로 활용해 보기 바랍니다. 또한 같은 꿈을 가지고 근영 님의 앞에서 꿈을 향해 걸어가고 있는 선배가 있다면 지금의 힘든 마음도 털어놓고 이런 슬럼프를 만났을 때 어떻게 극복하면 좋을지에 대한 조언을 받아 보는 것도 현실적으로 도움이 될 것 같네요.

꿈을 이룬 이들 중 누구도 아무런 어려움 없이 탄탄대로만 달려 원하는 것을 성취한 사람은 없습니다. 아무리 의지가 강한 사람이라고 하더라도 때때로 고단한 연습으로부터 도망가고 싶기도 하고 또한 열심히 하더라도 꿈을 이루지 못할지도 모른다는 불안감에 사로잡힙니다. 그럴 때 그냥 주저앉아 꿈을 포기하느냐 아니면 역할 모델을 설정하고 세부적인 계획을 수립 · 실천해 흩어진 마음을 다잡아 나가느냐에 따라 성공과 실패의 갈림길에 들어서는 것입니다.

자, 근영 님은 어느 길을 선택하겠습니까?

운동선수가 되고 싶지만
실력이 없어 포기해야 할 것 같아요

질문

진로 문제로 혼란스럽습니다.

저는 고등학교 2학년이기 때문에 진로 문제로 걱정이 많습니다.

꿈이 없었던 건 아닙니다. 중학생 때 운동선수가 되고 싶었습니다.

사교성이 없다 보니 매일 혼자서 집 앞에서나 운동장엘 나가서 연습했습니다. 지금 열심히 해 놓으면 대학교 가서 뛰어나게 잘할 수 있고, 그렇게 운동선수가 될 수 있을 거라고 생각했습니다.

근데 어느 날 학교 체육시간.

다른 애들은 처음 해 보는 스포츠라던데 맨날 해 온 제가 그 운동을 제일 못하더란 겁니다. 너무 억울하고 분했고 그래서 접었습니다. 갑자기 흥미가 뚝 떨어지는 걸 느꼈습니다. 아무리 흥미가 간다고 해도 잘하지 못하면 그 흥미는 금방 뚝 떨어지게 되는 것 같습니다. 어떤 것을 잘하다 보면 흥미를 붙이게 되고 더욱더 잘하게 되지 않을까요. 그런데 전 제가 자신 있는 일을 찾을 수가 없습니다. 잘하는 걸 찾을 수가 없습니다. 지금 제가 이곳에 존재한다는 것 자체만으로도 어떤 사람에게 폐가 되는 것처럼 느껴집니다.

저는 정말 운동선수라는 꿈을 포기해야 하는 것일까요? 포기한다면 그다음에 저는 어떻게 해야 할까요? (지환)

답변

운동 관련 직업 세계에서 선택의 폭을 넓혀 보세요

안녕하세요. 지환 님.

운동을 좋아하지만 적성 부족을 깨닫고 많이 실망하고 있군요.

정말 좋아하는 일을 찾았고 열심히 노력했지만 결국 자신이 남보다 잘하지 못한다는 것을 발견했을 때 속상함과 절망감은 컸을 거예요.

하지만 분명 길은 있습니다. 우리 함께 그 길을 찾아볼까요?

먼저, 지환님의 운동 적성에 대한 객관적인 평가가 필요해 보입니다.

지환 님은 현재 자신의 운동 적성에 대해 매우 많이 부족하다고 생각하고 있지만 그것은 주관적인 판단일 수 있습니다. 따라서 재학 중인 학교의 체육 담당 선생님께 자신의 운동 적성에 대한 정확하고 객관적인 평가를 받아 보기 바랍니다. 그동안 지환 님을 가르쳐 온 선생님께서는 지환 님의 운동 적성에 대한 객관적인 평가와 함께 앞으로의 진로에 대한 전문적인 조언을 해 주실 수 있을 것입니다.

다음으로 운동을 활용하되 운동선수가 아닌 운동 주변의 직업을 선택해 보면 어떨까요? 즉, 운동에 대한 흥미를 살리되 운동 적성은 덜 필요로 하는 직업을 찾아보는 것이지요. 다음 방법을 활용해 보세요.

> • **경로** | 커리어넷(www.career.go.kr) ⋯▸ 미래의 직업 세계 ⋯▸ 직업 정보
>
> ⋯▸ 적성 유형별 탐색 ⋯▸ 운동 및 안전관리직 클릭

검색 결과 제시되는 직업 목록 중 운동과 관련된 직업 및 상세 정보를 제시하면 아래와 같습니다.

❶ 운동경기심판

- 운동경기심판은 운동경기의 시작과 종료를 알리며, 각종 운동경기의 규칙을 적용하여 경기를 진행하는 일을 담당한다.
- 경기 진행 중 선수들의 동작을 관찰하여 규칙 위반이 발견되면 이를 호루라기, 수신호, 깃발, 카드 등으로 알리고 벌칙 또는 벌점을 적용한다.
- 경기 도중 선수의 부상 등 예기치 못한 상황이 발생하면 경기를 일시적으로 중단하거나 종료한다.
- 규칙으로 명시되어 있지 않은 사항에 대해서는 심판의 재량으로 판단하여 경기가 원활하게 진행될 수 있도록 한다.

▶▶ 정규 교육 과정

운동경기심판이 되기 위해서는 고등학교 졸업 이상의 학력이 요구되지만, 전문대학이나 대학교의 체육 관련 학과를 졸업하는 것이 유리하다.

▶▶ 직업 훈련

운동경기심판이 되기 위해서는 각 운동경기협회에서 주최하는 심판학교나 심판강습회에서 심판양성교육을 받아야 한다. 프로운동경기심판이 되기 위해서는 아마추어 또는 프로운동팀에서 선수로서의 활동 경험을 쌓는 것이 유리하다.

▶▶ 관련 자격증

운동경기심판이 되기 위해서는 각 운동경기협회에서 실시하는 양성교육을 받은 다음, 심판자격시험을 통과해야 한다.

운동 및 안전관리직은 아니지만 지환 님께 추천하고픈 직업이 있습니다. 바로 '스포츠 에이전트'와 '스포츠 강사'예요. 이 직업들을 커리어넷에서 검색해 보면 다음과 같은 내용이 나옵니다.

❷ 스포츠 에이전트

- 스포츠 에이전트는 스포츠 관련 프로그램 및 서비스를 개발하고 운영을 위한 기획 및 절차를 조직하여 조정·관리한다.

- 시합이나 경기에 관한 정보를 수집하고 훈련 과정을 설계하기도 하며 스포츠 관련 회사와 소속 선수를 연결하여 계약을 성사시킨다.
- 선수를 돌보고 스케줄 관리를 하는 것은 물론 선수의 이미지 관리, 운동량 관리, 광고 계약 체결, 연봉 협상, 언론 홍보, 팬클럽 관리 등을 한다.
- 선수의 잠재 능력을 파악해 상품 가치를 높여 주며 계약을 맺은 선수의 훈련 프로그램과 의료 혜택, 법률 서비스를 지원한다.

▶▶ 입직 및 취업 방법

- 스포츠 에이전트가 되기 위해 필요한 학력 제한은 없다. 그러나 외국으로 진출하는 선수들을 위한 협상을 성공적으로 이끌어 낼 수 있는 외국어능력이 요구된다. 또한 선수를 관리하고 지원해야 하기 때문에 경영학에 대한 이해가 있으면 도움이 된다. 협상을 성공적으로 이끌어 내는 데 도움이 되는 법학 지식도 갖추는 것이 좋다. 직업이 스포츠 세계의 일부이기 때문에 스포츠학과나 체육학과를 졸업하는 것이 유리하다.
- 국내 프로축구의 에이전트로 활동하려면 대한축구연맹(KFA)에서 발급하는 라이선스를 취득하면 된다. 세계 축구 클럽을 대상으로 에이전트 활동을 하기 위해서는 세계축구연맹(FIFA)에서 발급하는 라이선스가 필요하다. 국내 프로야구의 경우 규정상 1선수 1변호사 제도를 인정하고 있어 공식적인 프로야구 에이전트는 존재하지 않는다고 할 수 있다. 대신 국내 프로야구에서 7시즌을 뛰게 되면 해외 진출이 가

능하고, 9시즌을 뛰면 FA(Free Agent)자격을 얻고 국내외 모든 프로야구 팀과 계약이 가능하기 때문에 선수들이 개인적으로 에이전트를 고용하기도 한다.

- 해외에서 에이전트로 활동하기 위해서는 유명 에이전트를 중심으로 움직이는 회사에 취업하여 활동할 수 있다.

❸ 스포츠 강사(운동처방사)

- 스포츠 강사는 공공 및 사설 체육시설 등에서 일반인들을 대상으로 건강 유지 및 증진, 스트레스 해소, 여가를 사용하는 목적을 충족시켜 주기 위해 여러 운동 프로그램을 개발하고 일반인들에게 가르치는 일을 담당한다.
- 일반인들이 근육을 단련하고 건강을 유지하기 위한 규칙적인 운동 방법을 가르쳐 주며 체중 조절을 위한 식이요법에 대한 정보를 제공하기도 한다.
- 수영, 태권도, 에어로빅, 골프 등 각 운동 종목의 기본 동작 및 응용 동작을 가르치고 숙달할 수 있도록 도와준다.
- 긴장된 근육을 풀어 주거나 안전사고가 발생했을 때에는 응급조치를 실시한다.

▶▶ 정규 교육 과정

스포츠강사가 되기 위해서는 전문대학이나 대학교의 체육 관련 학과를 졸업하는 것이 유리하다.

▶▶ 직업 훈련

국민생활체육협의회나 생활체육지도자 연수원 등의 기관에서 스포츠강사가 되기 위한 교육과 훈련을 받을 수 있으며, 각 종목에서 선수로 활동한 경험이 있으면 유리하다.

▶▶ 관련 자격증

관련 국가자격증으로는 생활체육지도자(1, 2, 3급) 등이 있다.

▶▶ 입직 및 취업 방법

공채나 개인적 인맥 등을 통해 종합스포츠센터, 헬스클럽, 골프연습장, 수영장 등의 스포츠강사로 채용될 수 있다. 스포츠강사의 채용은 주로 각 스포츠센터 홈페이지 및 생활정보지, 스포츠강사 구인 전문 인터넷 사이트 등을 통한 공개 채용을 하거나 개인 인맥을 통해서도 이루어진다. 종목별 스포츠강사는 종합스포츠센터나 골프연습장, 수영장, 태권도 · 유도 · 검도 등의 체육도장, 볼링장, 테니스장, 체력단련장, 에어로빅장 등과 같은 전문 종목 훈련장에서 활동한다.

위 직업들에 대한 자세한 정보(준비 방법, 전망, 관련 학과 등)는 커리어넷(www.career.go.kr) 사이트의 미래의 직업 세계 ⋯▶ 직업 정보 메뉴에서 검색해 보세요.

아울러 지환 님과 상황은 조금 다르지만 부상 때문에 결국 운동을 포기하고 심판의 길에 들어서 최연소 축구 국제 심판 자격증을 따낸 사례를 첨부하니 꼭 읽어 보세요.

유망한 축구선수가 부상으로 축구화를 벗었다. 재주라곤 공차기뿐. 누구라도 절망할 것이다.

그러나 이민후(25) 씨는 달랐다. 선수로 못 이룬 꿈을 그라운드의 심판자로 펼치기로 결심했다. 그리고 지난달 그 어렵다는 국제축구연맹(FIFA)의 국제심판(주심) 자격을 따냈다.

이제 그는 8명뿐인 한국의 국제심판 중 한 사람이다. 25세 이상이라야 국제심판 자격이 주어지니까 세계에서 가장 젊은 국제심판이다. 그의 꿈은 "'외계인 주심' 피에루이지 콜리나(이탈리아)처럼 카리스마 넘치는 위대한 심판이 되는 것"이다.

1998년 광양제철고를 졸업하고 전남 드래곤즈에 입단할 때만 해도 그는 1미터 88센티미터의 키에 뛰어난 스피드의 촉망받는 신인이었다. 70년대 연세대 축구팀 수비수였던 아버지 이인한(49 · 사업) 씨의 피를 이어받은 수비력은 특히 발군이었다.

그러나 입단하자마자 연습경기 도중 오른쪽 무릎 십자인대가 모두 끊어지는 치명적 부상을 당했다. 두 차례의 수술과 힘겨운 재활 치료를 받는 동안 전남은 그를 서울시청으로 보냈다. 선수 생활과 학업(서울시립대)을 병행하던 2001년, 그는 또다시 무릎을 다쳤다.

"선수로서의 미련을 버리고 다른 길을 찾아야 했지요. 그때 심판이라는 새 목표가 눈에 들어온 건 행운이거나 운명이었어요."

그는 아버지의 도움을 받아 차근차근 준비를 시작했다. 그리고 대한축구협회의 3급 · 2급 · 1급 심판 자격증과 아시아축구연맹(AFC) 지도자 자격증을 차례로 따냈다.

"그러고는 무작정 캐나다로 유학을 떠났지요. 햄버거 하나 시켜 먹지 못할 영어 실력이었지만 배우고 싶은 욕망에 죽어라 영어 공부에 매달렸어요. 내친김에 국제심판 자격도 따고 싶었고, 스포츠마케팅을 하면서 어린이 영어 축구교실을 운영하리라는 꿈도 있었거든요."

1년간의 랭귀지 코스를 마친 뒤 캘거리대에서 스포츠마케팅을 공부하던 그는 지난해 집안 사정 때문에 공부를 중단하고 귀국했다. 그사이 영어에 자신감이 생겼고, 어느 정도 몸도 회복됐다.

지난 4월 그는 FIFA 국제심판 자격 테스트에 응시했다. 서류심사와 면접, 그리고 프로축구 2군 경기에서의 실전 평가 등을 거쳐 10명의 최종 심사 대상에 올랐다.

마지막 단계는 필기시험과 체력 테스트. 필기는 영어 작문도 있어 무척 까다로웠고, 체력 테스트에서는 12분 안에 3000미터 이상을 뛰어야 했다.

하지만 이 씨는 그 긴 관문을 모두 통과했다. 이제 FIFA나 AFC가 부르면 그라운드에 당당히 주심으로 서게 된다.

"일본–중국전 같은 큰 경기를 맡고 싶어요. 그렇게 차근차근 오르다 보면 월드컵 결승 주심도 볼 수 있겠지요."

경기가 없는 시간에 그는 서울 강남의 한 외국어 학원에서 영어 강사로 일한다.

지금은 경남 남해에서 열리고 있는 전국 대학축구연맹전(10월 23일~11월 8일)의 심판으로 뛰고 있다.

또 하나의 꿈인 '어린이 영어 축구교실'도 조만간 열 계획이다.

"올겨울에는 캐나다로 건너가 계절학기를 수강해 학업도 마칠 참이에요."

그의 꿈이 착착 이뤄져 가고 있다.

「절망 딛고 최연소 축구 국제심판에」, 『중앙일보』, 2004년 10월 26일)

다음으로 운동이 아닌 다른 분야에 지환 님의 적성이 숨어 있을 수도 있다는 것을 알려 드리고 싶네요. 다음 이야기를 읽어 보세요. 그리고 자신의 적성과 흥미를 객관적으로 파악하고 싶다면 커리어넷 사이트의 진로심리검사 코너의 직업적성검사와 직업흥미검사를 실시해 보기 바랍니다.

끝으로 직업인으로서 행복하냐 아니냐는 그 분야의 일등 여부가 아니고 그 직업을 얼마나 좋아하고 사랑하는지에 달렸다는 점을 강조하며 답변을 마치고자 합니다.

즉, 일등에 자신의 행복을 거는 사람은 일등이 되기 위해 끊임없이 고통스러워야 하고 일등이 된 뒤에도 그 자리를 잃을까 봐 노심초사해야 합니다. 하지만 비록 일등이 아니어도 그 직업에 대한 열정과 사랑이 있는 사람은 언제 어디서든 행복할 수 있지요.

지환 님이 열정과 사랑을 느낄 수 있는 직업 목표를 꼭 찾아 행복한 직업인이 되기를 소망해 봅니다.

프로스노보드 선수에서 스타 셰프로

세계적 요리전문잡지 『레스토랑 하스피탈리티』 선정 떠오르는 스타 셰프. 빌 클린턴 전 대통령, 가수 머라이어 캐리, 패리스 힐튼이 극찬한 요리의 주인공. 라스베이거스 초대형 호텔의 총주방장 백승욱 씨는 23살 때까지만 해도 프로스노보드계의 세계 10위권 선수였다. 그런데 두 번에 걸친 다리 부상으로 스노보드를 그만둘 수밖에 없었고, 2년 동안 '내가 이제 무엇을 할 수 있나' 하며 절망의 늪을 헤맸다.

25살이 된 어느 날 자신이 좋아하는 식당에 갔는데, 그곳의 총주방장은 늘 즐겁고 행복하게 일하는 사람이었다. 그는 총주방장에게 요리를 가르쳐 달라고 졸랐고, 그길로 요리사의 길에 접어들었다. 그는 손에서 늘 식초 맛이 나도록 연습에 연습을 거듭했고, 미국 전역을 돌아다니며 요리를 배웠다. 이후에는 결국 미국의 유명 요리 대결 프로그램 〈아이언 셰프 아메리카〉에 한국인 최초로 출연하는 성공을 거둔다.

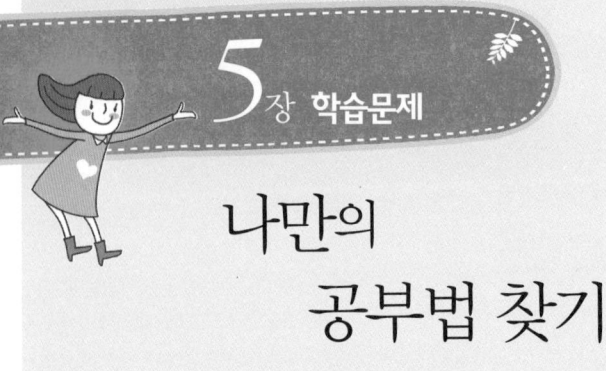

5장 학습문제

나만의
공부법 찾기

계획은 열심히 세우는데 실천이 어려워요

저는 도대체 왜 공부를 못하는 걸까요?

- **tip**_이렇게 공부했어요

저는 집중력이 정말 없어요

- **tip**_노력 한 장의 차이 | 오답노트, 제대로 만들고 활용하라

머리가 나쁜지 공부를 해도 성적이 안 나와요

- **tip**_여러 가지 기억법 | 에빙하우스의 망각곡선

계획은 열심히 세우는데
실천이 어려워요

저는 중학교 2학년 학생입니다.

저는 국어를 좀 잘하고 또 국어 선생님을 좋아하기 때문에 국어 선생님이 되는 것이 꿈입니다.

그런데 국어 선생님이 되겠다고 해서 국어만 잘하면 되는 것은 아니잖아요. 교사가 되기 위해서는 '공부'를 잘해야 한다고 하더라고요.

그래서 다른 과목도 성적을 올리고 싶어요. 그런데 계획을 세우고 실천하려고 하지만 마음대로 되지가 않아요.

게임하고 싶은 것, 자는 것 다 참고 공부하려고 하는데 항상 며칠 못 가요. 이제는 계획도 세우고 싶지 않아요.

어떻게 하면 공부 계획도 잘 세우고 실천도 잘할 수 있을까요? (경진)

안녕하세요, 경진 님.

국어 교사가 되고 싶다는 꿈을 이루고 싶어서 나름 계획을 세워 공부했지만 실천이 잘 되지 않아 많이 실망했군요. 실패가 여러 번 되풀이되어서 이제는 계획조차 세우고 싶지 않을 만큼 속상해 하고 있는 것을 보니 제 마음 또한 무거워집니다.

공부를 잘하기 위해 구체적인 계획을 세우고 실천하고자 하는 자세는 매우 바람직합니다. 그런데 왜 실천이 어려울까요?

첫 번째 이유는 지루하고 재미없는 공부를 잘하기 위해서는 공부를 꼭 해야 하는 분명한 이유가 필요한데 그렇지 못하기 때문입니다. 즉, 자신의 꿈을 이루기 위한 수단으로써 공부가 필요하다는 것을 절실히 깨달으면 공부의 지루함을 이길 수 있고 이것은 계획을 잘 실천할 수 있는 바탕이 된다는 것이지요. 사실 많은 친구들이 공부와 진로 목표 달성의 밀접한 관계를 잘 못 느껴서 공부를 열심히 하지 않거든요. 하지만 경진 님의 경우는 국어 교사가 되기 위한 꿈이 명확하니 이 부분에 대한 점검은 하지 않아도 될 것 같네요.

다음으로 계획을 잘 실천하지 못하는 이유로써 꼽을 수 있는 것이 계획표 자체가 제대로 작성되지 않았기 때문일 수 있습니다. 계획표가 잘

못 작성되면 실천하는 과정에서 무리가 따르게 되고 결국 자신감이 떨어져서 계획 세우는 것 자체를 포기하게 되는 것이지요.

연구에 의하면 학생들이 학습 계획을 세울 때 전형적으로 범하는 오류들이 있습니다. 경진 님은 어떤 경우에 해당하는지 생각하면서 다음 내용을 꼼꼼히 읽어 보십시오.

첫째, 학습량을 무리하게 할당하는 것입니다.

너무 많은 분량을 목표로 설정해서 가능한 시간에 소화를 못 하는 경우와 공부를 하루 종일 지치도록 해야만 달성할 수 있는 목표를 세우는 경우가 여기에 속합니다. 공부를 무조건 많이 해야 한다는 욕심 때문에 주어진 시간에 다 해낼 수 없는 학습량을 계획표에 담는 것은 실패로 가는 지름길이지요.

둘째, 시간을 무리하게 배정하는 것입니다.

계획을 대강 세우다 보면 이미 선약이 있는 시간을 공부 시간으로 잡아 놓기도 합니다. 학생들 중에는 학교에서 숨이 턱에 차도록 뛰어와야지만 지킬 수 있는 시간을 귀가 시간으로 설정하는 경우가 있습니다. 이렇게 되면 정해진 시간에 책상에 앉기 어렵지요. 이런 일이 반복되면 계획표를 쳐다보는 것 자체가 스트레스가 됩니다.

또한 계획을 잘 세웠다고 하더라도 준비하는 시간을 너무 길게 잡게 되면 계획을 실천하는 것이 어려워집니다. 공부를 시작해야 할 시간에 학용품을 찾으러 다닌다든지, 갑자기 방을 정리하다 보니 하루가 다 지나 버린다든지 하는 경우가 여기에 속합니다.

규칙적으로 실행을 못 하는 것도 계획의 실천을 방해하는 원인이 됩니다. 공부는 정해진 시간에 정해진 장소에서 하는 것이 효과적입니다. 하지만 정해진 시간에 정해진 장소에 차분하게 앉아 있는 것이 쉬운 일이 아닙니다. 그래서 많은 학생들이 계획은 거창하게 세워 놓고 집중이 안된다는 구실로 규칙적으로 앉아 있는 것을 중도에 그만두곤 합니다.

계획한 바대로 잘 지키려면 우선 적절한 시간과 양을 고려해서 신중하게 계획을 세워야 합니다. 계획된 시간에 공부를 시작할 수 있도록 환경을 조성해야 하며 일단 세워진 계획은 지키고야 만다는 각오로 임하는 것도 필요하지요.

적절한 계획을 세우는 요령을 주간계획표로 설명해 드리겠습니다. 우선은 공부 가능한 시간대를 확인하십시오. 최근의 생활을 참고하면서 공부하기 어려운 시간을 골라서 빗금을 칩니다. 수면 시간, 식사 시간, 학교 수업 시간, 학원 시간, 등·하교 시간, 보지 않을 수 없는 TV 프로그램 방영 시간, 친구와 약속된 시간 등은 공부하기 어려운 시간이므로 빠짐없이 빗금을 쳐야 합니다. 남은 시간이 공부할 수 있는 시간입니다. 붉은 색연필로 공부 가능한 시간을 표시하십시오. 윤곽선을 따라 붉게 선을 그어 놓으십시오. 일주일에 몇 시간이나 공부를 할 수 있게 되어 있습니까? 생각보다 많지 않을 것입니다. 그렇다고 해서 잠자는 시간이나 밥 먹는 시간까지 무리하게 줄이면 안 됩니다.

다음에는 중요한 과목과 따라가기 힘든 과목을 떠올려 보십시오. 어떤 과목이 가장 어렵습니까? 어떤 과목이 가장 중요합니까? 시험 때가 아니라면 네 과목 내지 다섯 과목을 선정하여 붉은색 사각형 안에 시간을 배당하십시오. 가장 어렵고 중요한 과목에 비교적 많은 비율의 시간을 할당하면 됩니다.

과목을 적어 넣었습니까? 이제는 그 과목을 어떤 책으로 공부할지를 결정하십시오. 결정된 교재를 훑어보면서 어느 만큼을 정해진 시간에 공부할지 공부할 양을 구체적으로 적어 넣으십시오. 이때 잊지 말아야 할 것은 50분 정도 공부하고 나서 10분 정도는 휴식 시간을 갖는 것입니다.

이제 경진 님은 적절한 계획을 세웠습니다. 마지막으로 평가란을 마련하십시오. 매일매일 정해진 공부의 양 중에서 어느 부분을 못 하였습니까? 솔직하게 적어 놓으십시오. 그리고 매일매일의 공부에 충실하십시오. 어제 못 한 공부가 있다고 해서 어제 공부를 오늘 하지는 마십시오. 어제 못 한 만큼 평가란에 적어 놓았으니 오늘은 오늘 할 공부를 하면 됩니다.

이제 계획을 실천하는 단계로 넘어가겠습니다. 예기치 않은 일이 생기는 등 계획 지키는 것을 방해하는 여러 가지 요인이 생기지요? 경진 님은 주로 어떤 일로 집중이 안됩니까? 어떤 시간에 집중이 안됩니까?

집중이 안될 때 어떻게 행동합니까? 혹시 집중이 안된다고 당황하면서 아예 그 시간을 망쳐 버리지는 않습니까?

지금부터는 집중이 안될 때 무작정 좌절하기보다는 '지금이라도 늦지 않았다. 남은 시간을 열심히 하면 된다'라고 스스로를 위로하십시오. 공부하는 친구들 중 많은 경우 잡념에 시달리고 있다는 사실을 상기하십시오. 시 한 편을 소리 내어 읽어 보는 것도 도움이 될 수 있고, 읽는 게 집중이 안된다면 노트 필기의 미진한 부분을 메운다든지 다른 과목으로 바꾸어 본다든지 해서 주의를 환기시키는 것도 도움이 될 거예요. 물론 규칙적으로 시간을 지키기 어려울 때가 있을 것입니다. 왠지 책상에 앉기가 싫고 누워서 공부하고 싶거나 먼저 다른 일을 하고 나서 공부를 하고 싶은 생각이 들 것입니다. '이런 마음으로 공부해 봤자 안될 거야'라고 생각하면서 스스로를 합리화시키는 학생들도 많이 있습니다. 하지만 일단 정해진 시간에는 책상에 앉으십시오. 여기서부터 자기와의 싸움입니다. 책상에 앉은 순간부터 공부가 되는 경우는 아주 드뭅니다. 대개는 15분 내지 20분 정도 집중이 안되는 시간을 거쳐서 점차 마음이 차분해지고 공부를 할 수 있는 심리 상태가 준비되는 것입니다.

아직 잘 모르겠다구요? 그렇다면 EBS 프로그램 〈공부의 왕도〉 9회 '시간의 주인이 되어라' 편을 시청해 보기 바랍니다. EBS 사이트에 회원 가입을 하면 언제든지 무료로 시청할 수 있고, 시간이 20분 정도밖에 안 되기 때문에 큰 부담 없이 활용할 수 있습니다.

주인공 이호준 학생의 시간 관리 방법 중 몇 가지 주목할 만한 것을 살펴볼까요?

첫째, 주말이나 집중이 안 되는 시간을 '보상 시간'이라는 이름으로 비워 놓는 것입니다.

이 시간에는 주중에 피치 못할 사정으로 실천하지 못했던 것을 보충하는데 만약 주중에 모든 계획을 실천했다면 이 시간에는 마음껏 놀고 휴식을 취합니다. 보상 시간을 즐기기 위해서라도 주중 계획을 더 열심히 지키게 되고, 혹시 주중에 계획을 실천하지 못하는 경우에도 보상 시간에 채우면 된다는 생각 때문에 덜 불안한 장점이 있다고 합니다.

둘째, 계획대로 잘 안되더라도 2주일간 무조건 실천하면서 계획를 수정하기입니다.

처음에는 무리하거나 비현실적인 계획을 짜기 때문에 잘 실천이 안되어 당연히 짜증이 나고 결국 하기 싫어질 수 있습니다. 여기서 물러서지 말아야 한다는 것입니다. 무조건 2주일 동안 실천하며 자신에게 맞는 계획표로 수정해 나가면 결국 나만의 계획표 즉, 실천하기가 좀 더 쉬운 계획표가 만들어집니다. 또한 그동안 계획표에 의한 생활이 몸에 익어 처음보다 덜 힘들게 계획을 실천할 수 있다는 것이지요.

마지막으로 5분, 10분, 15분 단위의 자투리 시간에 해야 할 일을 계획해 두는 것입니다. 5분, 10분 등은 짧은 시간이기 때문에 무엇을 해야 할지 몰라 흘려 버리기 쉬운 시간이지요. 호준 학생의 경우에는 5분이 있을 때는 수학 문제 1개 풀기, 10분이 주어졌을 때는 신문 사설 1개 읽기 등으로 빈틈없이 계획하여 자투리 시간도 알뜰하게 사용할 수 있었다고 합니다.

자, 이제 시간의 노예가 아니라 시간의 주인이 되기 위해 출발해 볼까요?

※ 위 답변은 사이버청소년상담센터 고민해결백과의 자료를 활용하여 재구성하였습니다.

저는 도대체 왜
공부를 못하는 걸까요?

고등학교 1학년 학생입니다.

요즘 내신이 중요하잖아요. 그런데 저는 하는 것만큼 성적이 많이 안 좋아요. 중 과 하 사이예요.

사람들로부터 공부하는 방법이 잘못된 걸 거다, 집중력이 부족해서 그런다 등등, 많은 얘기를 들었고 정말 걱정이 되어요. 어떻게 해야 할지 정말 모르겠어요. 벌써 2학기 시험이 하나밖에 남지 않았어요. 불안해 죽겠습니다.

제 목표인 간호사가 되기 위해서는 간호학과에 갈 수 있을 만큼 성적이 나와 줘야 하거든요. 하지만 공부 방법을 바꿔서 해 보려고 해도 어떻게 해야 되는지 모르겠고요.

걱정투성이네요. 저는 도대체 왜 공부를 못하는 걸까요? 문주

자신의 학습 방법을 객관적으로 진단해 보세요

안녕하세요.

나름 공부를 한다고 했지만 성적은 오르지 않으니, 자신이 하고 있는 공부 방법의 문제점이 무엇인지 고민이 되어 상담을 청했군요.

공부하는 것만큼 결과가 나오지 않는 것도 참 답답하고 속상할 텐데 주어진 시간은 성큼성큼 흘러가고 있으니 조바심과 불안한 마음도 정말 클 것 같네요.

공부를 못하는 이유는 여러 가지가 있겠지만 간호사라는 진로 목표도 있고, 나름 공부에 많은 시간을 투자한 문주 님의 경우, 얼마나 제대로 된 공부 방법을 활용하여 학습하고 있는지에 대한 점검을 해 볼 필요가 있습니다. 이때 활용할 수 있는 것이 바로 학습 방법 진단검사입니다.

학습 방법 진단검사

각 질문마다 선택할 수 있는 점수는 1점에서 4점까지입니다. 그중에서 자신에게 맞다고 생각되는 점수 하나만 골라 ✓표를 하되 자신을 돌이켜 보고 답해 주십시오.

❶ 아주 가끔 그렇다(1점)   ❷ 때때로 그렇다(2점)

❸ 보통 그렇다(3점)   ❹ 항상 그렇다(4점)

▶▶ 공부계획법

	검사내용	문항			
		1점	2점	3점	4점
1	나는 내가 할 수 있는 만큼의 공부 분량을 정할 수 있다.				
2	나는 공부 계획을 세울 때 일주일 동안 공부할 내용과 필요한 시간을 생각해 보거나 계산해 본다.				
3	계획한 공부의 양은 정한 시간이 지나는 한이 있어도 반드시 다 한다.				
4	나는 계획을 세우면 그대로 실천한다.				
5	과목에 따라 공부가 잘되는 시간을 고려하여 공부 계획을 세운다.				
6	나는 무리한 계획을 세우거나 다른 사람을 그대로 따라하지 않고 나의 능력에 맞는 계획을 세운다.				
7	나는 과목에 따라 공부 시간을 다르게 한다.				
8	나는 계획대로 공부가 되지 않을 경우 나에게 적당한 수준으로 공부 분량과 공부 방법을 변경해 본다.				

▶▶ 주의 집중

	검사내용	문항			
		1점	2점	3점	4점
1	나는 어떤 시간에도 공부가 잘된다.				
2	나는 정해진 장소에서 계획된 시간에 공부한다.				
3	내 책상 위에는 책, 노트, 참고서 등 공부에 관계되는 것만 있다.				
4	나는 공부할 분량을 미리 정하고 공부를 시작한다.				
5	나는 공부할 때와 놀 때를 확실히 구분한다.				
6	나는 매일 한두 과목을 집중적으로 공부한다.				
7	나는 공부할 때 엎드리거나 누워서 하지 않고 늘 책상 앞에 앉아서 한다.				
8	나는 공부할 때 TV나 라디오를 켜 놓지 않는다.				

▶▶ 잘 읽기

	검사내용	문항			
		1점	2점	3점	4점
1	나는 과목에 따라 공부하는 방법이나 속도를 다르게 하고 있다.				
2	나는 학습 내용을 공부하기 전에 하나하나 자세하게 읽기보다 우선 전반적인 줄거리를 훑어본다.				
3	나는 책을 읽을 때 내용의 어려운 정도나 중요한 정도에 따라 읽는 속도를 다르게 한다.				
4	나는 책을 읽을 때 의문 나는 내용에 대한 질문을 속으로 생각하며 읽는다.				

	검사내용	1점	2점	3점	4점
5	나는 모르는 단어가 있을 때 무조건 사전을 찾기보다는 미리 그 뜻을 생각하며 읽어 본 다음에 사전을 찾아 그 뜻을 확인한다.				
6	나는 책의 저자가 중요하게 생각하며 제시한 문제가 무엇인가를 늘 염두에 두고 책을 읽는다.				
7	나는 책을 읽을 때 내용들이 서로 연관이 있는지 분석하며 읽는다.				
8	나는 책에 나오는 표, 그래프, 그림 등을 빼놓지 않고 본다.				

▶▶ 암기법

	검사내용	문항			
		1점	2점	3점	4점
1	나는 책을 읽고 난 즉시 읽은 내용을 머릿속으로 정리한다.				
2	나는 무작정 외우기보다는 그 뜻을 확실히 이해하면서 외운다.				
3	나는 단어나 책 내용을 외울 때 이미 잘 알고 있던 단어나 내용과 관련시켜 가면서 외운다.				
4	나는 나름대로 잘 기억할 수 있는 방법을 사용하여 공부한다.				
5	나는 책을 읽고 나서 중요한 것은 따로 모아 요약해 둔다.				
6	나는 외우기 힘든 내용을 외울 때는 이야기 만들기나 노래 만들기 등 다양한 방법을 사용하여 외운다.				
7	나는 공부한 내용을 다른 사람에게 말로 설명해 본다.				
8	나는 한 번 외운 내용도 후에 여러 번 반복해서 외운다.				

▶▶ 배운 내용 내 것 만들기

	검사내용	문항			
		1점	2점	3점	4점
1	나는 외울 낱말이 있을 때 같은 뜻 혹은 다른 뜻을 가진 낱말을 찾거나 생각해 본다.				
2	나는 문제집을 풀고 나서 틀린 문제에 대해서는 교과서나 참고서를 찾아 그 내용을 자세히 공부해 둔다.				
3	나는 읽은 내용과 관련되는 다른 참고서나 자료를 찾아 비교해 본다.				
4	나는 잘 이해되지 않거나 모르는 내용은 친구나 선생님께 질문한다.				
5	나는 중요한 내용과 원리는 철저하게 알아 둔다.				
6	나는 이해가 부족한 부분은 되풀이해서 읽으면서 이해하려고 애쓴다.				
7	나는 공부한 내용을 다른 방식으로 좀 더 자세하게 설명한 것이 있는지를 교과서나 참고서 등에서 찾아본다.				
8	나는 어렵거나 몰라서 지나간 문제가 있다면 나중에라도 푸는 방법을 알아내어 정리해 둔다.				

▶▶ 나도 선생님

	검사내용	문항			
		1점	2점	3점	4점
1	나는 한 과목에서 배운 내용을 다른 과목에도 관련시켜 이용하려고 한다.				
2	나는 새로 단어를 외우거나 책을 읽고 나서 그것을 적절한 상황에 적응시켜 본다.				
3	나는 책이나 글을 읽고 나서 그 책이나 글을 쓴 사람에게 질문하고 싶은 내용을 생각해 본다.				
4	나는 시험공부를 할 때 예상 문제를 만들어 답해 본다.				
5	나는 읽은 내용과 관련되는 다른 참고서나 자료를 찾아 비교해 본다.				
6	나는 학교에서 배운 내용을 가족 혹은 친구들과 이야기할 때 사용한다.				
7	나는 책을 읽으면서 시험 문제를 만들고 답해 본다.				
8	나는 신문이나 뉴스에서 들은 내용을 학교 공부와 연관시켜 본다.				

▶▶ 시험 준비

	검사내용	문항			
		1점	2점	3점	4점
1	나는 시험이 끝난 다음에는 틀린 문제를 알아본 후 다시 풀어 본다.				
2	나는 시험 때 쉬는 시간에 친구들과 답을 맞추어 보기보다는 다음 시간에 시험 볼 과목을 공부한다.				
3	나는 시험이 끝난 다음에 틀린 문제의 정답을 확인하는 것은 물론 틀린 원인이 무엇인지를 스스로 분석해 본다.				
4	나는 시험이 끝난 다음에 잘 몰랐던 문제와 관계되는 교과서나 노트를 다시 찾아서 읽어 본다.				
5	나는 과목별로 내가 알아보기 쉽게 정리해 둔 노트가 있다.				
6	나는 노트 정리를 체계적으로 한다.				
7	나는 문제지 풀이나 시험 결과를 분석하여 학습 방법을 개선한다.				
8	나는 시험 날짜와 범위가 발표되면 공부할 수 있는 날짜와 시간을 계산하여 시험 볼 과목들을 배치한다.				

	공부계획법	주의 집중	잘 읽기	암기법	배운 내용 내 것 만들기	나도 선생님	시험 준비
총점							

공부 방법 진단 검사 해석

검사 영역	해석 내용	채점 방법
공부계획법	자신의 능력에 맞는 계획, 실천이 가능한 계획을 짜는 것이 가장 중요하다.	점수의 총 합계가 24점 이상이면 자신에게 맞는 계획을 잘 세워 실천하고 있는 것이고, 20점 이하인 경우에는 공부계획법을 다시 한 번 점검해 볼 필요가 있다.
주의 집중	공부할 때는 공부하는 생각을, 놀 때는 노는 생각을 하는 것이 필요하다.	점수의 총 합계가 24점 이상이면 공부할 때 집중을 잘하고 있는 것이지만 20점 이하이면 집중력 향상을 위해 노력해야 한다.
잘 읽기	새로운 내용을 학습할 때 학습 내용으로 무엇이 있는지 윤곽을 파악하고 어떤 식으로 공부해 갈지에 대한 전략을 세우는 단계이다.	점수의 총 합계가 24점 이상이면 공부하는 데 남보다 시간을 덜 들이면서 진도는 빠르며 효과적으로 공부하고 있는 것이다. 하지만 20점 이하이면 읽기 연습이 필요하다.
암기법	암기를 잘하려면 나름대로의 암기법이 많을수록 좋다.	점수의 총 합계가 24점 이상이면 암기하는 방법을 잘 알고 활용하고 있는 것이다.
배운 내용 내 것 만들기	암기한 내용을 확인해 두는 과정을 거쳐 장기 기억이 잘 되도록 해야 한다.	점수의 총 합계가 24점 이상이면 공부한 내용이 충분히 자기 것이 되었는지 확인하는 절차를 거치고 있지만 20점 이하이면 공부를 하고 나서 시험에 나올 문제를 뽑아 보는 연습을 할 필요가 있다.
나도 선생님	공부를 하고 나서 최종적으로 시험에 나올 문제를 예상해 보고 그 대비책을 세워야 한다. 학습한 내용을 실생활에 응용도 해 보고 여러 과목에서 나온 내용을 종합해 보기도 하면서 그동안 공부한 내용을 총 복습하는 것이다.	점수의 총 합계가 24점 이상이면 공부를 하고 나서 최종적으로 시험에 나올 문제를 예상해 보고 그 대비책을 잘 세우고 있는 것이다. 하지만 20점 이하이면 공부를 하고 나서 시험에 나올 문제를 뽑아 보는 연습을 할 필요가 있다.
시험 준비	심화 학습과 공책 정리, 오답 정리, 시험 준비 계획법 등에 대한 것이다.	점수의 총 합계가 24점 이상이면 시험 보고 나서 시험 분석을 통해 다음 시험 준비를 효과적으로 하고 있는 것이다. 하지만 20점 이하이면 시험 준비를 위해 좀 더 체계적인 계획이 필요하다.

자, 원인이 나왔다면 이제 그것을 어떻게 해결할 수 있을지에 대해 생각해 봐야겠지요? 먼저 점수가 제일 낮게 나온 항목의 문항을 살펴보세요. 그 문항들의 내용이 바로 그 영역을 더 효율적으로 할 수 있는 세부적인 방법들입니다. 문항의 내용을 검토한 후 그것을 자신의 공부 방법에 적극 활용한다면 많은 도움이 될 거예요.

아울러 공부 방법에 대한 유용한 자료를 얻을 수 있는 두 가지 정보를 안내할게요.

청소년상담복지개발원 사이트의 고민해결백과 중 '학업' 부분의 데이터베이스를 활용해 보세요.

- **경로** | 청소년사이버상담센터(www.cyber1388.kr) ⋯ 고민상담실 ⋯

  고민해결백과 ⋯ 학업/학교부적응 ⋯ 청소년

위 메뉴로 가면 공부 방법, 시험/발표 불안, 주의 산만/집중력 부족, 학교 적응, 학습 흥미/학업 동기 부족, 학업(성적) 스트레스, 학습능력 부족 영역별로 구체적인 사례와 그에 대한 상세하고 전문적인 답변이 소개되니 많이 활용하기 바랍니다.

또한 EBS 〈공부의 왕도〉 프로그램에는 구체적인 학습 장애물과 함께 그것을 어떻게 극복했는지에 대한 생생한 사례가 160개 넘게 제시되어 있습니다. 이 중에서 자신의 상황과 비슷한 것을 찾아 꼼꼼하게 시청하고 그것을 자신의 공부 방법에 적용한다면 많은 도움이 될 거예요. 소개되는 여러 가지 비법은 주인공 학생이 다년간의 노력 끝에 얻어 낸 것입니다. 모든 것을 다 활용하겠다는 생각보다 자신이 할 수 있는 한두 가지를 접목할 때 성공 가능성과 지속성을 모두 높일 수 있음을 꼭 기억하세요.

물론 공부 방법에 왕도가 있는 것은 아니지만 일단 이렇게 표준화된 공부 방법이나 다른 학생들의 비법 등을 시도해 보면 그 과정에서 님에게 특히 효과적이고 적합한 공부 방법이 탄생할 수도 있답니다.

다음번에는 문주 님으로부터 자신만의 공부 비결을 찾아냈다는 소식과 함께 이를 실천한 결과 성적이 올랐다는 기분 좋은 이야기를 꼭 듣고 싶네요. 멀리서나마 선생님이 뜨거운 응원과 격려의 박수를 보냅니다.

고교 입학 당시 전교 150등이었지만 고3 첫 모의고사에서 전교 1등에 오르고 결국 자신이 목표로 한 대학에 진학한 학생이 있습니다. 이 학생의 공부 방법에 대한 기사를 안내하니 꼼꼼하게 읽고 이 중에서 자신에게 적용할 수 있는 방법이 무엇인지 찾아내 실천해 보기 바랍니다.

조영균(19·서울대 기계항공공학부 1년), 씨는 고3이던 지난해 자신의 목표 대학과 학과를 '서울대 기계항공공학부'로 정했다. 당시만 해도 그의 목표 달성을 점치는 사람은 거의 없었다. 고2 말 치른 모의고사 성적이 '언어 2등급, 수리·외국어 각 3등급'이던 그에겐 다소 무모한 도전이었던 것도 사실이다. 하지만 조 씨는 자신 있었다. 고교 입학 무렵 전교 150등이던 성적을 3학년 첫 모의고사 때 전교 1등까지 끌어올린 자신의 저력을 믿었다. 그는 "다시 고교 시절로 돌아간다고 해도 그때보다 더 열심히 공부할 순 없을 것"이라며 "실제 수능 성적은 평소보다 낮았지만 3년간 최선을 다해 후회는 없었다"고 말했다.

조 씨는 중학교 때까지만 해도 공부에 별 흥미가 없었다. 시험 공부는 '벼락치기 전략'으로 때웠고 성적은 잘해야 전교 20등 정도에 머물렀다. 고교(경기 성남 분당고) 첫 중간고사 수학 과목에선 50점을 받았다. 곤두박질친 성적은 그에게 '오기'를 불러일으켰다. 이후 독하게 마음먹고 매일 아침 7시 30분까지 등교해 학교 자습실 문이 닫히는 자정 무렵까지 공부에 매달렸다. 방학 때도 평소와 다름없이 등교했다. 고 1·2, 2년간 야간 자율학습에 빠진 날은 일주일이 채 안 됐다. 졸릴 땐 몇 시간이고 차가운 바닥에 무릎을 꿇고 앉아 집중했다.

고2 때까지 조 씨의 공부법은, 말하자면 좀 무식했다. 예컨대 대학수학능력시험 언어영역 고전 시가 부문을 공부할 땐 시중에 나와 있는 교재를 몽땅 구입해 해설을 외우다시피 했다. 그런데 이상하게 성적은 제자리걸음이었다. 언어영역의 본질은 '암기력'이 아니라 '독해력'과 '논리적 추론 능력'이란 사실을 간과한 게 문제였다. 물론 이런 방식의 공부가 마냥 헛된 건 아니었다. 특히 기초를 탄탄하게 잡는 덴 더없이 효과적이었다. (그에 따르면 "3학년 때 성적이 급등한 건 상당 부분 이 시기의 '무식한 공부법' 덕분"이다.) 언어영역 비문학 부문 공부는 기출문제를 적극적으로 활용했다. '제일 좋은 제시문은 기출문제에 있다'는 확고한 믿음이 있었기 때문이다.

"비문학을 공부할 땐 제시문 구조 파악에 주력했습니다. 처음엔 모든 제시문을 한 줄씩 읽고 외우는 식으로 공부했는데 별 효과가 없더라고요. 비문학의 핵심은 글의 종류와 구조 파악에 있어요. 예컨대 '선거의 모순'에 관한 제시문이 나왔다면 제일 먼저 할 일은 그 글이 (선거의 모순을 단순하게 풀어 쓴) 설명문인지, ('선거의 모순을 없애야 한다'는 주제의) 논설문인지부터 파악하는 겁니다. 처음엔 속도가 느리지만 훈련을 반복하다 보면 풀이가 빨라져요."

자투리 시간도 최대한 활용했다. 짬 날 때마다 하나씩 푼 수학 문제만 해도 연간 1만 개를 훌쩍 넘길 정도다.

"쉬는 시간만 생각하면 10분밖에 안 돼요. 하지만 수업 종료 시각과 선생님 이동 시간까지 챙기면 15분은 너끈히 나와요. 그 정도면 수학 문제 4개를 풀고도 시간이 남아 친구들과 얘기도 나눌 수 있죠. 그런 식으로 하루를 보내면 예정된 일과를 소화하고도 40문제 정도는 보너스로 풀 수 있습니다."

문제 풀이에 집중하다 보니 자연스레 '개념'의 중요성도 깨닫게 됐다. 개념이 머릿속에 자리 잡아야 문제 풀이 속도가 빨라지고 고난도 문제를 푸는 데 필요한 응용력도 기를 수 있다는 사실을 깨우친 것.

"개념 학습에서 중요한 건 '체계화'입니다. 제 경우 수학 개념의 체계를 잡기 위해 단원별 주요 개념을 노트에 일일이 정리했어요. 예컨대, 백지에 '수학 I' 단원명을 차례로 쓴 후 단원별 주요 개념과 공식을 적을 수 있을 정도로 공부했죠."

수험생 시절, 공부 못지않게 조 씨의 발목을 잡은 건 '잘해야 한다'는 강박이었다. 시험 때마다 손이 떨려 문제 풀기가 힘들 정도였던 것이다. 그가 스스로 진단한 문제의 원인은 '모든 걸 입시와 연관 지어 생각하는 자세'.

"고1 때부터 늘 입시가 머릿속을 떠나지 않았어요. 교내 행사에 참여할 때도 '이 경험이 좋은 대학 가는 데 도움 될까?'만 생각했죠. 3학년이 돼서야 그런 생각 자체가 문제란 사실을 깨달았어요."

그는 강박을 치료하기 위해 문제를 되도록 천천히, 일정 속도로 푸는 연습을 시작했다. 자꾸 흔들리는 마음도 글씨를 천천히 쓰면서 다잡았다. 그러면서 자신에게 맞는 문제 풀이 속도와 시간 분배 방식을 조금씩 찾아 나갔다.

"2학년 때까지만 해도 문제가 조금만 어려워지면 막 헤맸어요. 문제 난이도에 따라 모의고사 성적이 1등급에서 4등급까지 널을 뛰었죠. 나중에 알고 보니 그 역시 잘못된 시간 관리가 문제였어요. 실제로 제게 맞는 문제 풀이 속도를 찾은 고3 땐 1등급을 안정적으로 유지할 수 있었습니다."

3학년이 되기 전 그가 공부 못지않게 집중한 건 '진로 발견'이었다. 이과를 선택하긴 했지만 구체적으로 어떤 길을 가야 할지 막막했기 때문. 특히 학교 생활에 충실하려고 애썼다.

"교내 수학·과학경시대회엔 빠짐없이 참여해 수상 실적을 쌓았어요. 교내 공고문을 통해 알게 된 서울대 UP 프로그램(University-level Program, 대학과목 선이수제)에서 '화학실험' 수업을 듣고 서울대 산업·공과대학 캠프에도 참가했죠. 그 과정에서 '서울대 기계항공공학부 진학'이란 최종 진로를 결정할 수 있었습니다."

그에 따르면 고3, 1년은 '힘들지만 동시에 행복한 시기'다. "인생 전체를 통틀어 한 가지 일(공부)에만 몰두할 수 있는 드문 기회이기 때문"이다. "후배 여러분, 지치고 고단할 때 많겠지만 결과가 어떻든 나중에 후회하지 않도록 매 순간 최선을 다하시기 바랍니다."

(「나의 대학 합격기」, 『조선일보』, 2012년 10월 11일)

저는 집중력이
정말 없어요

제가 내년에 중2가 되거든요.

그래서 요즘 공부를 전보다는 열심히 하고 있다고 생각하고 있는데 어떻게 생각하면 또 아닌 것 같아요. 다른 걸 핑계로 숙제도 안 해 가고 점점 게을러지고 정말 고민이에요.

또 제가 집중력이 정말 없어요. 공부를 시작하고 1시간이 지나면 바로 산만해지는 것을 저 스스로도 느껴요.

제가 어떻게 해야 할까요? (혜성)

답변

진로 목표 설정과 함께 공부할 때 산만함을 이겨 낼 수 있는 환경을 조성해 보세요

안녕하세요.

중학교 2학년 진급을 앞두고 공부를 잘하고 싶은 마음에 나름 더 열심히 하고 있지만 집중력 부족 때문에 많이 고민하고 있군요.

많은 친구들이 공부를 잘 못하는 이유로 집중력이 부족하다는 이야기를 합니다. 그리고 또 이렇게 말하죠.

"저는 타고나기를 집중력이 좀 없는 것 같아요. 원래 산만하거든요. 우리 반 ○○는 아주 타고났어요. 한번 책상에 앉으면 누가 불러도 모른다니까요. 저는 공부 잘하기는 틀린 것 같아요."

집중력은 과연 타고나는 것일까요? 아닙니다. 만들어지는 것입니다. 그렇다면 어떤 것이 집중력을 만들어 낼까요? 첫째, 목표 의식을 갖는 것 둘째, 집중력이 발휘될 수 있는 환경을 스스로 조성하는 방법이 있습니다. 그럼 한 가지씩 알아볼까요?

첫째, 공부를 왜 해야 하는지에 대한 목표 의식이 분명해지면 공부에 훨씬 몰입할 수 있습니다.

사실 공부가 재미있다면 집중력 자체가 필요 없겠지요. 공부는 재미가 없는 것이기 때문에(자신이 좋아하는 한두 과목에 흥미를 느낄 수는 있지만 흥미를 느끼지 못하는 과목까지 다 잘해야 하는 것이 청소년 공부의 비애이니까요) 공부를 하다가 자연스럽게 지루해지고 산만해질 수밖에 없습니다. 그것을 이겨 내기 위한 장치가 바로 공부를 해야 하는 이유를 분명하게 만드는 목표 의식이랍니다. 조금 유치한 예를 하나 들어 볼까요? 뚱뚱한 한 여성이 해마다 새해가 되면 다이어트를 하겠다고 결심합니다. 하지만 얼마 못 가 포기하고 마는 일이 거듭되었습니다. 그런데 이 여성이 어느 날 사랑하는 사람을 만나 결혼을 하게 되었고 결혼식 날짜가 잡히자마자 열심히 다이어트를 하여 결국 자신의 목표를 달성했습니다. 왜 다른 때와 달랐던 걸까요? 바로 별다는 목표가 없었던 때에 비해 결혼식 날 꼭 날씬한 몸으로 웨딩드레스를 입어야겠다는 구체적인 목표가 있었다는 점이에요.

주변의 공부 잘하는 친구에게 물어보세요. 왜 그렇게 공부를 열심히 하느냐구요. 아마도 어떤 직업을 갖겠다거나 어느 대학을 가겠다는 목표를 분명하게 말할 거예요.

자, 그렇다면 혜성 님에게 공부를 해야 하는 이유는 무엇인가요? 공부는 누군가에게는 그 자체가 목표일 수도 있겠지만 대부분의 경우 무엇을 하기 위한 수단인 경우가 많습니다. 공부를 하다가 잡념이 떠올라도, 뭔가 다른 유혹을 느끼다가도 다시 공부로 돌아갈 수 있는 것은 내가 공부를 열심히 하지 않으면 원하는 진로 목표를 달성할 수 없다는 그 마음 때문이지요. 그러니 가장 좋은 방법은 먼저 자신이 정말 하고 싶은 직업 목표를 하나 정하는 것입니다. 예를 들어 나는 국어 과목과 말하기를 좋아하니 관련 직업 중 직업 안정성이 좋은 국어 교사가 되어야겠다고 마음먹는 것이지요. (더 자세한 방법은 147~149쪽을 참고하세요.) 다음으로 그 목표를 달성할 수 있는 진학 목표를 세우는 것입니다. 예를 들어 국어 교사가 되기 위해서는 사범대학 국어교육과에 가야 하고 국어교육과가 개설되어 있는 대학 중 내 성적과 거주 지역을 고려하여 어느 대학교 국어교육과를 가야겠다고 정하는 것입니다. 그 대학교 국어교육과 홈페이지의 입시 안내 사항을 살펴보면 성적이 어느 정도는 되어야 하는지 알 수 있지요.(학교 정보, 학과 정보 수집 방법에 대해서는 85~87, 136~138쪽을 참고하세요.) 이렇게 목표 의식이 뚜렷해지면 지루하고 재미없는 공부도 좀 더 잘 참고 이겨 낼 수 있을 거예요.

둘째, 산만함을 이겨 낼 수 있는 공부 방법을 익혀 보세요.

▶▶ **공부할 때 시간과 분량을 구체적으로 정해 보세요.**

일주일 후 시험이라고 막연히 오늘은 수학, 내일은 영어, 글피는 국어 이렇게 공부 계획을 짜는 경우가 많아요. 하지만 이렇게 계획을 짜면 수학 공부를 얼마만큼 해야 다 한 건지도 알 수 없고, 공부를 시작하고 나서 어느 순간 시간 가는 줄 모르고 잡념에만 빠져 있다 끝나는 경우가 많아요. 공부는 한다고 긴 시간 앉아 있었는데, 머릿속에 들어간 것은 없고 결국 좋은 성적을 거둘 수가 없게 되는 것이지요. 오늘 수학을 공부하겠다면 오후 7시부터 8시까지 수학 문제집을 몇 쪽부터 몇 쪽까지 풀기, 사회라면 교과서 몇 쪽부터 몇 쪽까지 내용 파악하고 외우기, 영어라면 어느 단원의 영단어 20개 외우기 등으로 세세하게 정할 수 있습니다. 이때 시간과 분량은 자신의 집중력에 따라 다를 수 있습니다. 만약 집중 시간이 짧은 친구라면 10분부터 시작할 수 있고, 집중력이 더 좋다면 1시간 단위로 해도 되겠지요. 또한 학습 분량을 정할 때에도 자신이 할 수 있는 만큼을 정해서 실천 가능성을 높이는 것이 좋은데, 적정량을 모르겠다면 일단 정해서 실천한 후 그 결과에 따라

가감할 수 있습니다. 공부 시간을 계획할 때는 공부가 끝난 후 평가를 할 수 있는 시간도 포함하여 계획을 짜는 것이 좋습니다. 평가 단계는 공부한 것을 확인하는 방법(272쪽)에서 더 자세히 설명할게요. 사람마다 집중이 잘되는 시간이 다르기 때문에, 혜성 님의 집중력이 좋은 시간을 이용해서 공부를 한다면 그 효과가 굉장히 클 거예요. 특히, 집중이 잘 안 되는 시간인 식사 후 30분 정도는 쉬거나, 가벼운 운동을 하거나 재미있는 일을 해 보는 것도 좋아요.

이 공부 방법이 좋은 이유는 하루 공부가 끝나고 난 후 자신이 오늘 몇 시간이나 공부했는지도 명확히 알 수 있고, 일주일 동안을 계산한 후 다른 주와 비교해 이번 주에 얼마나 더 공부했는지도 파악할 수 있다는 것입니다.

공부 계획을 수립할 때 아래의 표를 이용하거나 시중에 나와 있는 다이어리 혹은 플래너를 이용할 수도 있습니다.

날짜	공부시간	학습 목표		실천 여부	어떤 점은 잘하고 어떤 점을 잘못했나요?
		과목	분량(구체적으로)	(○, △, ×)	

▶▶ 계획대로 공부를 합니다.

이때 공부가 좀 더 잘되게 하기 위해 다음의 것들을 실천해 보세요. 먼저 혜성 님의 주변 환경을 정리해 보세요. 주변이 어지러우면 마음도 산만해지기 쉽거든요. 마음으로 환경을 다스리면 된다고 생각할 수도 있지만, 환경이 인간의 행동에 미치는 영향은 큰 것이 사실이니까요. 공부에 집중할 수 있도록 주변을 잘 정리, 정돈하고 또 잡음이나 조명 등에도 주의를 기울여 보세요.

▶▶ 공부 장소도 중요합니다.

학교나 독서실, 아니면 자기 방 등 어느 곳에서 더 집중이 잘되는지를 관찰해 보고 더 집중이 잘되는 곳을 선택해서 공부하는 것도 하나의 방법이 되겠죠. 집중이 잘되는 장소뿐만 아니라, 집중이 잘되는 시간도 찾아보기 바랍니다.

▶▶ 공부한 것을 제대로 했는지 확인하세요.

공부가 끝난 다음에는 반드시 제대로 공부했는지 확인하는 것이 좋습니다. 이것은 복습의 의미도 있고, 또 중요한 것을 놓치지 않을 수 있는 방법이기도 하지요. 예를 들어 암기 과목을 공부했다면 그 내용에 해당하는 문제집을 풀고, 수학이라면 답을 맞추고, 영어 단어 외우기를 했다면 스스로 문제를 내어 외운 여부를 확인해 보는 방식입니다.

▶▶ 오답노트 작성하기

우리가 문제를 풀고 답을 맞추는 과정을 통해 공부를 제대로 했는지 확인하는 이유는 내가 몇 점을 맞았느냐를 알기 위해서가 아니라 아직 모르고 있는 것이 무엇인지를 파악하고 실제 시험에서 그 문제를 다시 틀리지 않기 위함입니다. 따라서 틀린 문제에 대해서는 반드시 오답노트로 작성해 두고 주기적 복습을 통해 실제 시험에서는 절대 틀리지 않도록 해야 합니다. 대충 알고 맞췄거나 찍어서 맞춘 것은 틀린 문제로 간주하여 오답노트 대상임을 꼭 명심하세요. 오답노트는 보기 좋게 정리한 후 감상하기 위한 것도 아님을 기억하세요. 예쁜 형광펜을 사용하여 멋지게 오답노트를 작성한 후 스스로 감탄하고 한 번도 복습하지 않는 친구도 있었거든요. 오답노트가 많아지니까 복습할 것이 너무 늘어난다고 걱정하는 친구가 있는데, 그렇지 않아요. 왜냐하면 복습을 여러 번 하다 보면 장기 기억으로 넘어가기 때문에 처음에 나온 내용들은 더 이상 복습하지 않아도 되니까요.

공부의 순서는 사실 계획 수립부터 시작하는 것이 아니라 복습−계획 수립−공부하기−문제 내고 풀면서 확인하기−오답노트 작성으로 이어지는 과정이랍니다.

마지막으로 습관의 중요성을 알려 드릴게요.

아마 지금 알려 준 공부 방법이 혜성 님에게 처음에는 마치 맞지 않는 옷을 입을 것처럼 어색하고 힘들 수 있어요. 하지만 일단 시도해 보고, 잘 안 되더라도 2주 정도는 포기하지 말고 밀고 나가십시오. 그러면 어느 정도 그것이 자연스럽게 느껴질 것입니다. 학자들의 연구에 의하면 60일 정도가 되어야 어떤 행동이 완전히 습관으로 정착된다고 해요. 그 시간을 견디면 어느 날 공부를 시작할 때 무의식적으로 오답노트를 꺼내 드는 자신을 발견할 수 있을 거예요.

물론 공부 방법에 왕도가 있는 것은 아니지만 일단 이렇게 표준화된 공부 방법을 시도해 보고 그 과정에서 혜성 님에게 특히 효과적이고 적합한 공부 방법이 탄생할 수도 있답니다.

한 가지 염려가 되는 것은 선생님이 진로 목표 설정을 먼저 강조했다고 그 설정이 끝나야만 공부에 돌입하겠다는 자세로 일관하지 않을까 하는 점입니다. 사실 직업 목표 설정 후 진학 계획 수립까지 마치는 것은 결코 짧은 시간에 해결되지 않습니다. 만약 진로 계획을 다 수립해 놓고 공부를 하겠다고 했을 때, 정작 공부하기에 절대적으로 필요한 시간이 없어 나중에 애를 먹을 수도 있습니다. 따라서 진로 목표를 설정하는 것과 학과 공부는 병행해야 합니다. 즉, 하루 중 일부 시간은 진로 목표 설정과 계획 수립에 할애하고 그 나머지를 공부에 할당하는 것이 좋습니다. 이렇게 해야 두 마리 토끼를 다 잡을 수 있다는 점을 꼭 기억하기 바랍니다.

다음번에는 혜성 님으로부터 결코 짧지 않은 시간 동안 꼼짝 않고 잡념도 없이 공부했다는 소식을 꼭 듣고 싶네요. 멀리서나마 선생님이 혜성 님에게 뜨거운 응원과 격려의 박수를 보냅니다.

노력 한 장의 차이

전북 부안고 3학년 백승훈(18) 군은 얼마 전까지만 해도 빈 책가방을 들고 학교에 갈 만큼 공부와는 담을 쌓고 살던 열등생이었다. 초등학교 3학년 때 축구를 시작한 뒤 태극 마크를 달고 그라운드를 누비는 것만이 희망이던 소년은 어느 날 천식이 심해져 꿈을 접는다. 절망 속에서 소년은 일생일대의 결심을 한다.

"공부를 하자."

『꼴찌에서 1등까지』(황매출판사)는 만년 꼴찌에서 우등생이 되기까지 피나는 노력을 그린 백군의 공부 성공기다. 누가 공부는 제일 쉬웠다고 했던가. 그러나 열등생에게 공부는 결코 만만치 않은 도전 상대였다.

교과서를 펼치는 순간, 헉! 눈앞이 캄캄했다. 이게 도대체 어느 나라 말인가. 수학은 그냥 숫자이고 영어는 그림이었다. 더군다나 엄마는 "전기세 많이 나온다"며 새벽 공부를 말리기까지 했다. 영어는 '아이 엠 어 보이'를 더듬거리고, 수학은 사칙연산을 하는 게 고작이었지만 백군은 실망하지 않았다.

하루 단위로 학습 계획을 짜고 그날그날 성과를 일기로 썼다. '오후 2~5시 수학 정석 13 넓이와 적분 11제 풀기(○), 오후 7~9시 EBS 영어 지문 6제 풀기(×)' 하는 식이다. 교과서 진도에 따라 반복해서 같은 문제를 풀고 두 권의 문제집을 보충 교재로 썼다. 까막눈이었던 영어는 '무대뽀 정신'으로 극복했다. 고교 2학년 방학을 이용해 영어 단어 1000개를 무작정 외웠다. 독서량이 부족해 막막한 국어 과목의 성적은 매일 1시간씩 신문 사설과 칼럼을 읽으면서 나아졌다. 그리고 1년. 그에게 어느 날 풀리지 않던 수학 문제가 풀리고 영어 문장의 뜻이 통하기 시작했다. 그리고 성적표를 받던 날, 그는 하얀 종이 위에 찍힌 1등이라는 숫자를 믿을 수 없었다.

백 군은 이렇게 말한다. "꼴찌에서 1등까지 다 겪어 보면서 아주 중요한 사실을 깨달았습니다. 노력하는 사람은 원하는 것을 얻을 수 있다는 자신감 말이에요."

(「꼴찌와 일등은 '노력' 한 장 차이」, 『국민일보』, 2004년 8월 30일)

오답노트, 제대로 만들고 활용하라

• 수학은 풀이 과정까지 기록하라

수학의 경우 오답노트를 통해 자신이 풀었던 풀이 과정과 정답의 풀이 과정의 차이를 이해, 분석할 수 있도록 구성해야 한다. 수학은 다른 과목과 달리 기초가 없으면 다음 진도를 나가기 어렵기 때문에 반복은 매우 중요한데, 오답노트의 정리를 통해 취약한 부분의 기초를 다져 나갈 필요가 있다.

• 왜 그 문제를 틀렸는지도 기록하라

왜 그 문제를 틀렸는지 원인을 찾는 것은 다음번에는 그와 유사한 문제를 스스로 해결할 수 있는 능력을 증진한다는 것을 의미한다.

• 오답노트는 손이 잘 닿는 곳에 비치하라

정리된 상태의 오답노트를 손이 쉽게 닿는 곳에 두어야만 시험을 대비할 때 다시 노트를 꺼내 쓸 수 있으며, 이는 한 번 틀린 것을 다시 틀리는 일을 없애는 데 있어 매우 중요하다.

• 오답노트는 반복하여 활용하라

오답노트를 몇 번 보았느냐에 따라 성적 향상도 눈에 띄게 달라진다. 문제가 어려울수록 더 자주 들여다봐야 한다.

• 시험 전에 오답노트를 적극 활용하라

오답노트는 전쟁터에 나가는 장수의 무기와 같이 시험장에 나가는 학생에게 가장 귀중하고 필요한 무기이다. 시험 때 오답노트를 쭉 훑어보면 자신이 몰랐던 내용을 다시 정리하여 정답률을 높이고 따라서 성적을 그만큼 올릴 수 있는 것이다.

▶▶ 오답노트 작성 샘플

문제 : (문제와 보기를 그대로 베끼지 말고 필요한 부분만 요약하세요)
해답 :
풀이 과정(수학의 경우만)
내가 이 문제를 왜 틀렸을까? 예시 : ① 문제를 정확히 안 읽어서 ② 계산상의 실수로 인해 ③ 문제를 이해 못해서 ④ 기초가 부족하여 ⑤ 기타
이 문제에서 이것만은 꼭 알아 두자

(송인섭, 『중위권 공부혁명』, 다산에듀, 2009)

머리가 나쁜지
공부를 해도 성적이 안 나와요

질문

요즘 정말 고민입니다. (ㅠㅠ) 저는 고1 학생입니다. 지금 시험 끝난 지 1일밖에 안 지났는데 절망만 닥쳐옵니다. 저는 선생님이 되고 싶다는 꿈이 있고 그 꿈을 이루기 위해서는 높은 성적이 필요하다는 것을 잘 알고 있거든요. 저 나름대로 공부 열심히 했어요. 학원은 안 다니더라도 혼자서 새벽 4시까지 합니다. 저는 다른 애들 그러니까 1등, 2등 하는 애들은 어떻게 공부하는지 모르겠지만 나름대로 상위권 애들보다는 많은 시간을 투자한다고 생각했습니다. 그렇게 생각하고 공부를 했는데 성적은 여전히 중간입니다. 중상위권이지만 정말 언제 떨어질지 모릅니다.

요번 기말고사를 봤는데 정말 심하게 떨어졌습니다. 평균 거의 20점이 떨어졌어요.

정말 모든 일이 하기 싫네요. 다른 애들은 공부 안 했다면서도 잘하는데……. 저만 왜 그럴까요? (기선)

SQR3 방법을 활용해 보세요

안녕하세요.

학원도 안 다니고 새벽 4시까지 공부했는데도 불구하고 성적이 20점이나 떨어졌다니 정말 억울하고 속상하겠어요. 다른 학생들보다 공부 시간을 더 투자했는데도 성적이 오르기는커녕 대폭 떨어져 버렸으니, 얼마나 막막하고 절망스러울지 제 마음마저 무거워집니다.

공부는 다른 기능처럼 무조건 시간을 많이 들인다고 향상되는 것이 아니라 짧은 시간을 들이고도 효율적으로 할 수 있는 방법이 있습니다. SQR3라는 방법을 소개할 테니 활용해 보기 바랍니다.

SQR3 방법이란 다음과 같은 순서에 따라 공부하는 것을 말합니다. 원래는 핵심 파악법을 알려 주는 독서 기술이지만 암기하고 복습하는 법까지 다루고 있어 효율적인 공부 방법으로도 활용할 만하지요.

훑어보기(Survey) ⋯▶ 단원 제목 질문으로 바꾸기(Question) ⋯▶ 읽기 (Read) ⋯▶ 외우기(Recite) ⋯▶ 복습하기(Review)

그럼 한 단계씩 자세한 내용을 살펴볼까요?

• 훑어보기(Survey)

이 단계는 공부할 내용을 자세히 읽기 전에 미리 전체적인 구성과 중심 내용들을 대강 살펴보는 단계입니다. 보통 성적이 잘 안 나오는 친구들 중에 공부를 할 때 공부해야 할 내용의 첫 부분부터 한 자, 한 자 빠지지 않고 꼼꼼히 읽고 외우는 경우가 있습니다. 이렇게 공부를 하면 뒤로 갈수록 조금씩 내용이 어려워지고 외워야 할 분량이 많아지면 지쳐서 그만두는 경우가 많아요. 예를 들어 수학의 경우 첫 번째 단원이 집합인데 공부를 한다고 마음을 먹고 집합 단원을 펴 꼼꼼하게 공부를 하다가 집합 단원을 넘어서지 못하고 그만둡니다. 얼마 지나지 않아 다시 공부를 하고자 책을 펴면 또 집합을 공부하다가 포기하고 맙니다. 이런 친구들의 책이나 문제점을 보면 앞부분만 까맣게 공부한 티가 나 있고 뒤로 가면 아주 깨끗한 것을 볼 수 있지요. 따라서 처음부터 한 자, 한 자 놓치지 않고 공부하기보단 일단 공부해야 할 단원의 목차, 소제목, 그림이나 도표, 학습목표, 각 단원의 요약 부분 등을 통해 전체적인 개요를 파악하는 것이 좋습니다. 이렇게 하면 전체적인 내용을 파악할 수 있고, 중요한 부분을 짐작할 수 있으며, 학습 분량과 공부하는 데 필요한 시간을 알 수 있지요.

어떤 내용을 공부할 때 한꺼번에 모든 것(가장 쉬운 것부터 가장 어려운 것까지)을 풀고 외우겠다는 자세보다 여러 번에 걸쳐 공부하며 처음에는 가장 중요한 것을, 다음에는 그다음으로 중요한 것을, 또 다음에는 더 세부적인 내용 등을 단계적으로 접근하는 것이 좋은 공부법입니다. 다음 이야기를 읽어 보면 이해가 더 잘될 수 있을 거예요.

눈 앞에 보이는 연못에 고기가 가득한데 큰 물고기 무리와 중간 크기의
물고기 무리, 그리고 작은 물고기 무리가 있습니다. 이 물고기를 잡을 그
물 역시 그물눈이 큰 것, 중간 것, 작은 것이 세 개인데, 그물눈의 크기
는 물고기의 크기와 비슷합니다. 이 상황에서 나 혼자 물고기를 가장 빨
리, 많이 잡을 수 있는 방법은 무엇일까요? 어떤 그물부터 써야 할까요?
작은 그물로 한꺼번에 모든 물고기를 잡아 버린다고요? 물론 그렇게 하
면 물고기를 그물 가득히 잡을 수 있기는 하지만 나 혼자의 힘으로 끌어
당길 수가 없습니다. 결국 끙끙거리다가 포기하겠지요. 정답은 먼저 그
물 눈이 큰 그물로 큰 고기를 잡아 쉽게 끌어당기고, 다음으로 중간 크기
의 그물로 중간 물고기를 잡고, 마지막으로 작은 그물로 작은 물고기 모
두를 잡는 것입니다. 이것을 공부에 비유해 볼까요? 한꺼번에 공부해야
할 내용을 몽땅 외우려 하지 말고 가장 큰 핵심부터 파악한 후, 단계적으
로 세부적인 것을 공부해야 한다는 것입니다. 여러분은 어떻게 공부하고
있나요?

• 단원의 제목을 질문으로 바꾸기(Question)

이 단계는 단원명이나 학습목표를 질문으로 만들어 본문을 읽기 전
에 목표를 분명히 하는 단계입니다. 여기서는 큰 제목과 소제목들을 질
문 형태로 바꾸어 봅니다. 예를 들어 단원의 제목이 '현대 사회의 특징'

이라면 '현대 사회의 특징은 무엇인가?'라는 질문이 만들어질 수 있습니다. 단원의 제목은 그 단원의 내용을 가장 압축적으로 표현해 놓은 것이므로 이것을 질문으로 바꾸면 이것이 이 단원의 가장 중요한 학습 주제이고 핵심 문제일 수 있답니다. 이 방법의 좋은 점은 핵심 내용을 파악할 수 있고, 집중력 있게 공부할 수 있다는 것입니다.

• 읽기(Read)

이 단계는 앞 단계에서 만든 질문에 대한 답을 찾으며 중요한 부분을 가려내는 과정인데 가려진 내용은 바로 이 단원의 핵심이라고 할 수 있습니다. 즉, 질문을 염두에 두고 적극적으로 지은이가 강조한 부분에 주의를 기울이며 읽는 것이지요. 이때 중요한 것은 내용을 충분히 이해하면서 읽는 것입니다. 왜냐하면 다음 단계에서 핵심 내용을 암기할 텐데 암기한 내용은 그 뜻을 충분히 이해할 때 더 지속되기 때문입니다. 예를 들어 현대 사회의 특징이 교통통신의 발달, 정보화 사회, 생명 과학의 발달, 개성의 추구라고 정리한 후 앞자를 따서 '교정생개'라고 반복해서 외웠습니다. 그런데 막상 시험에서 이 문제가 서술형으로 나와 쓰려고 했지만 '교정생개'만 생각이 나지 한 글자 한 글자가 무엇을 의미하는지는 기억이 안 난다면 정말 난감하겠지요? 내용을 읽으면서 '현대사회는 과거에 비해 하루 안에 전 세계를 어디든 갈 수 있을 정도로 교통통신 수단이 발달했지. 또 옛날에는 노동력이 중요했지만 지금은 지식과 정보가 더 중요한 세상이야. 생명공학이 발달했으니 내가 좋아하는 방울토마토도 먹을 수 있고, 사람들이 개성을 추구하니까 어디가서 나와 똑같은 옷 입은 사람 보면 정말 민망하잖아'라고 충분히 이해할 때 외운 내용이 잘 떠오른다는 점을 꼭 기억하세요. 이 방법의 좋은 점은 질문에 대한 답을 찾으며 읽어야 하니, 산만해지는 것을 막을 수 있고, 밑줄을 쳐 핵심 부분을 스스로 파악할 수 있다는 데 있습니다.

• 외우기(Recite)

이것은 중요한 내용을 보다 선명하게 기억하기 위해서 머릿속에 저장하는 단계입니다. 아무리 앞의 단계를 통해 핵심을 찾았다고 해도 그것을 잊는다면 시험 문제에 답하기 어렵겠지요. 그렇다면 결국 타고난 암기력에서 승패가 갈리고 마는 걸까요? 아닙니다. 타고난 암기력도 중요하겠지만, 암기에도 역시 요령이 있습니다.(286~287쪽을 참고)

• 복습하기(Review)

이 단계는 공부했던 내용을 되살려 가면서 전체적인 흐름을 다시 한번 새겨 보는 단계이지요. 아무리 전에 외웠다고 하더라도 복습하지 않으면 기억이 지속되지 않기 때문에 성적을 올리기 위해 반드시 실천해야 합니다.

혹시 며칠 전에 공부할 때 분명히 확실하게 외웠는데 시험지를 받으니 도무지 기억이 나지 않는 경험을 한 적이 있나요? 이것은 머리가 나빠서가 아니라 인간의 기억력에 있어 자연스러운 현상으로 복습을 하지 않아 생긴 결과입니다. 공부를 잘하는 친구들은 머리가 좋아서 잘 기억하는 것이 아니라 주기적으로 복습을 하기 때문에 잘 까먹지 않는 것이지요.

따라서 공부 계획을 세울 때는 반드시 전에 했던 것 중 핵심적인 것들은 일단 외운 후 주기적으로 복습을 하는 것이 매우 중요합니다. 이 방법의 좋은 점은 머리가 나쁘다는 선입견에서 벗어나, 학습에 대한 자신감을 가질 수 있다는 데 있습니다.

자, 지금까지 짧게 공부하고도 성과는 크게 낼 수 있는 효율적 공부 방법에 대해 살펴보았습니다. 그런데 한꺼번에 이것을 다 실천하기는 어렵겠지요? 그렇다면 이 중에서 자신이 할 수 있는 것부터 하나씩 해 보세요. 먼저 암기법을 시도해 보고 잘되면 암기와 복습을 하고, 이것도 익숙해지면 훑어보기를 하고, 이것도 잘되면 질문하기와 답 찾으며 읽기를 하는 것이지요. 한꺼번에 하다가 제풀에 지쳐 그만두는 것보다는 작은 것부터 하나씩 하나씩 내 것으로 만들어 나가는 것이 오래 지속적으로 공부할 수 있는 지름길이랍니다. 현재 공부에 대한 자신감이 떨어져 있는 기선 님의 경우 너무 욕심을 부리며 방법을 바꾸다 보면 또 한 번의 실패를 맛보게 될 수 있으니까요.

마지막으로 습관의 중요성을 알려 드릴게요. 공부를 잘하는 친구들의 공부 방법을 듣고 실천해 보면 너무 힘들어서 포기하는 경우가 많은데 그 친구들은 어떻게 어려운 방법을 지속하고 있는 것일까요? 이미 습관이 되었기 때문입니다. 그 친구들도 처음에는 그렇게 하는 것이 어려웠을 거예요. 그런데 참고 계속하다 보니 그것이 습관이 되었고, 어느 날 그렇게 하지 않으면 이상하게 느껴질 만큼 몸에 자연스럽게 익어 버린 것이지요. 일단 시도해 보고, 잘 안되더라도 2주 정도는 포기하지 말고 밀고 나가십시오. 그러면 어느 정도 그것이 자연스럽게 느껴질 것이고, 60일 정도가 되면 완전히 습관으로 정착이 된다고 합니다.

자, 결론적으로 말하면 기선 님이 공부를 해도 성적이 오르지 않았던 것은 머리가 나빠서가 아니라 효율적인 방법으로 공부를 하지 않았기 때문입니다. 앞에서 안내한 공부 방법을 꼭 시도해 보기 바랍니다. 물론 공부 방법에 왕도가 있는 것은 아니지만 일단 이렇게 표준화된 방법을 시도해 보면 그 과정에서 기선 님에게 특히 효과적이고 적합한 공부 방법이 탄생할 수도 있답니다.

힘을 내세요. 기선 님의 공부에 대한 의지와 열정이 살아 있고, 여기에 효율적인 공부 방법이 습관으로 형성된다면 아마 공부를 잘할 수 있을 거예요. 다음번에는 기선 님의 성적이 올랐다는 소식을 꼭 듣고 싶네요. 멀리서나마 선생님이 뜨거운 응원과 격려의 박수를 보냅니다.

여러 가지 기억법

기억법 1 | 단어의 첫 글자만 따서 외워 봅시다.

- 사물의 이름이나 사건의 순서 등을 암기하고자 할 때 첫 글자나 단어만을

  모아 또 하나의 단어나 문장을 만들어 암기하는 방법

- 무지개 색깔 – 빨주노초파남보

- 조선시대의 왕 순서 – 태정태세문단세……

- 행성 이름 – 수금지화목토천해명

기억법 2 | 비슷한 점과 다른 점을 찾아 비교하며 외워 봅시다.

- 기억해야 할 정보를 어떤 속성으로 분류하여 암기하는 방법

- 신문, 책, 연필, 분필, 버스, 보트 – 읽는 것, 쓰는 것, 타는 것

기억법 3 | 의미를 부여하여 암기해 봅시다.

- 의미 없는 정보에 나름대로 의미를 부여하여 재미있게 기억하는 방법

- 전화번호 – 2424(이삿짐 센터), 2828(치과)

기억법 4 | 매개체를 이용하여 외워 봅시다.

- 여러 항목이나 자료들 간에 '의미 있는 연결'을 인위적으로 하는 방법

- '빗, 시계, 가위, 고기, 컵, 망치' – '빗을 컵 속에 넣는다. 가위로 고기를

  자른다. 망치로 시계를 부순다.'

기억법 5 | 마음속에 그림을 그려 외워 봅시다.

- 외워야 할 정보를 머릿속에 그림이나 영화의 한 장면으로 떠올리는 것

- 예를 들어 외워야 할 것이 '김, 양파, 두부, 고추, 고등어(엄마가 쇼핑 심부

름을 시켰을 때)'라고 했을 때 '문을 여니 입구에는 (깔판 대신) 김이, 우산통
에는 (우산 대신) 양파 한 망이, 신발장에는 (신발 대신) 두부가, 화분에는
(꽃 대신) 고추가 풍성하게, 수족관에는 (금붕어 대신) 고등어가 놀고 있다.'
등으로 외우는 방식

기억법 6 | 노래 가사 바꿔 부르기를 통해 외워 봅시다.

독도는 우리 땅	우리 몸이 하는 일
울릉도 동남쪽 뱃길 따라 이백 리 외로운 섬 하나 새들의 고향 그 누가 아무리 자기네 땅이라고 우겨도 독도는 우리 땅 우리 땅	우리 몸의 중심부 하트 모양 심장이 구석구석 보낸다 순—환기관 쏴악쏴악 펌프질 아이고 힘들어 무리하면 안 돼요

기억법 7 | 핵심 내용을 남에게 가르치는 식으로 말하기

• 핵심 내용을 남에게 가르치는 방식으로 말하는 것인데, 이해해야 설명할
수 있으므로 이해력이 증진되며 그냥 눈으로 읽는 것보다 암기가 더 잘됨.
• 맥클리드(MacLead)와 동료들에 따르면 단어를 큰 소리로 말하거나 그저 속
삭이기만 해도 그 단어를 도드라지게 만들어 기억이 보다 쉬워진다고 함.
• 연구원들은 실험을 8차례 실시하면서 참가자들에게 단어와 '비(非)단어'의
목록을 읽고 기억해 달라고 주문했다. 그 결과 그 리스트를 읽을 때 기억
력이 10% 이상 향상되는 것으로 나타났다.

(신붕섭, 『공부 방법을 알면 성적이 보인다』 한언, 2002 참고)

에빙하우스(Ebbinghaus)의 망각곡선

감소하는 기억(memory)을 장기 기억(LTM : long term memory)으로 영구히 보존하기 위해서는 반복(rehearsal)이 가장 효과적인 방법입니다. 이 이론은 무조건적인 반복이 아니라 망각곡선의 주기(circle)에 따라서 적절한 시점에 적절한 반복이 이루어져야 효과적인 기억이 된다는 것입니다.

독일의 심리학자인 헤르만 에빙하우스(1855~1909)는 16년에 걸쳐 인간의 망각실험을 했습니다. 인간은 기억한 것의 대략 반은 불과 1시간 내에 잊어버리고, 하루에는 70%, 그리고 1개월에 약 80% 정도를 잊어버립니다. 그러므로 인간의 건망은 오히려 당연한 듯합니다. 반대로 1개월이 지나도 무의미한 것까지 20%나 기억하고 있다는 사실을 알아야 합니다. 그런데 이 20%의 기억을 60~80%로 높일 수는 없을까요? 그것이 가능하다면 우리는 "기억에 대한 고민"에서 해방될 수 있습니다. 에빙하우스는 여러실험으로 반복하는 것의 효과, 즉 같은 횟수라면 "한 번 종합하여 반복하는 것"보다 "일정 시간의 범위에 분산 반복하는 편"이 훨씬 더 기억에 효과적이라고 합니다. 따라서 우리는 "기억하기 위한 환경" 만들기에 자기 자신을 이끌어 갈 필요가 있습니다.

진로 탐색을 위한 나만의 서재 만들기

책 속에서 나의 역할 모델을, 또 내가 꿈꾸는 직업의 생생한 현장을 만나는 것은, 알뜰살뜰 꿈을 가꾸는 좋은 방법입니다. 아래의 서재를 보세요. 지금 꿈꾸는 당신을 이 서재로 초대하고 싶습니다. 그러나 보다 중요한 건 스스로 비밀스런 꿈 서재를 만들어 보는 일이겠지요?

진로 정보 수집을 위한 도서 목록

	도서명	저자 및 출판사	특징
1	나의 미래공부(시리즈 18권)	이동진, 정재형 외(장서가)	한의학, 법학, 영화학, 약학 등 전공 소개
2	부키전문직리포트	한영용 외(부키)	요리사, 간호사, 디자이너, 건축가, 의사, 광고인, 수의사, 방송작가, 스튜어디스, PD 등
3	만화로 보는 세계의 명문 대학 사진으로 보는 세계의 명문 대학 만화로 보는 학과의 세계 1, 2	와이즈멘토(동아일보사)	세계의 명문 대학, 계열별 학과 소개
4	세계의 지도를 바꾸는 새로운 미래가 온다	박영숙(경향미디어)	미래학자가 제시하는 직업 세계의 변화
5	스무 살에 선택하는 학문의 길	김용준, 정운찬 외(아카넷)	기초학문에서 첨단 응용학문까지 다양한 학문 분야 소개
6	직업탐색보고서 궁금해요! (시리즈)	금태섭, 이상호 외(창비)	요리사, 디자이너, 변호사 등 직업 정보
7	학교에서 가르쳐주지 않는 학과 선택법	강성국(케이펍)	적성과 흥미를 반영해 학과를 선택하는 요령
8	컴퓨터의사 안철수 네 꿈에 미쳐라	김상훈(미래를소유한사람들)	안철수의 직업관과 직업 윤리
9	세상에 너를 소리쳐!	빅뱅(쌤앤파커스)	가수 빅뱅의 치열한 가수 준비 일기
10	김연아의 7분 드라마	김연아(중앙출판사)	김연아의 꿈을 향한 도전에 대한 기록
11	멈추지 않는 도전	박지성(랜덤하우스코리아)	박지성의 목표 설정과 꿈을 향한 도전
12	꿈을 여는 12가지 열쇠	안혁모(W─BOOK 에이전시)	조인성·지진희·김선아 등 실제 연기자들의 선생님이 전하는 배우의 직업 세계
13	유엔에서 일하고 싶어요	김정태(국일아이)	유엔의 입사 자격, 구체적 업무 소개
14	14살 그때 꿈이 나를 움직였다	최정화(다산에듀)	통역사로 국제무대에 오르는 법
15	지도 밖으로 행군하라	한비야(푸른숲)	긴급구호전문가의 현장 보고서
16	꿈보다 먼저 뛰어 도전 앞에 당당하라	한유정(위즈덤하우스)	할리우드에서 손꼽히는 영화 미술감독의 성공기

진로 · 진학 정보 사이트

다양한 사이트에서 진로 · 진학을 위한 심리검사와 맞춤한 정보를 제공하고 있습니다. 그 외에도 직업인 인터뷰, 진로 상담, 직업 체험 활동 등 다양한 서비스를 활용해 보세요.

• 책 속에서 안내한 주요 사이트

KCUE 대학입학정보 univ.kcue.or.kr
고입정보포털 www.hischool.go.kr
기숙형고등학교 www.dormschool.or.kr
대학알리미 www.academyinfo.go.kr
마이스터고 www.meister.go.kr
서울진로진학정보센터 www.jinhak.or.kr
워크넷 www.work.go.kr
청소년사이버상담센터 www.cyber1388.kr
커리어넷 www.career.go.kr
학교알리미 www.schoolinfo.go.kr
한국산업인력공단 Q-net www.q-net.or.kr
한국잡월드 koreajobworld.or.kr
한국장학재단 www.kosaf.go.kr

• 지역별 안내 사이트

경기, 고등학교 입학전형포털 satp.goe.go.kr
경남, 진로진학지원센터 jinro.gnedu.net
광주, 진로진학정보센터 jinhak.gen.go.kr
대구, 진학진로정보시스템 jinhak.dge.go.kr
대전, 대전교육포털에듀랑 www.edurang.net
부산, 특성화고교 expert.pen.go.kr
서울, 고교홍보사이트 hinfo.ssem.or.kr
울산, 진로진학지원센터 jinhak.use.go.kr
인천, 특성화고직업진로정보실 jci.ice.go.kr
전남, 진학지원팀 jinhak.jne.go.kr
제주, 진로정보센터 jinro.jje.go.kr
충북, 고등학교 입학전형포털 hsap.cbe.go.kr

Thanks to……

이 책이 진로 문제로 힘들어 하는 청소년들의 삶의 무게를 덜어주고 조금이나마 행복해지는 데 도움이 되기를 바랍니다.

지금까지 청소년 진로지도라는 영광스러운 길을 지치지 않고 걸어올 수 있도록 이끌어 주신 김봉환 교수님, 강혜영 교수님, 이제경 교수님께 감사드립니다. 든든한 동료로 늘 함께해 주신 황계자 · 강태심 · 김수진 · 김강묵 · 박은희 · 김명신 · 조윤성 · 전연숙 선생님 고맙습니다.

믿음직스러운 남편 박태호, 자랑스러운 아들 민서, 영원한 내 편 딸 민경에게 온 마음을 다해 사랑을 전합니다.

2013년 여름에, 허은영